KB268574

엄마의 오늘 시스템

엄마의 오늘 시스템

# 엄마의 오늘 시스템
## 읽고 쓰며 삶을 다시 세운 기록

초 판 1쇄 2026년 03월 11일

**지은이** 김나라
**펴낸이** 류종렬

**펴낸곳** 미다스북스
**본부장** 임종익
**편집장** 이다경, 김가영
**디자인** 임인영, 윤가희, 윤영빈
**책임진행** 김은진, 이예나, 안채원, 국소리, 송가희

**등록** 2001년 3월 21일 제2001-000040호
**주소** 서울시 마포구 양화로 133 서교타워 711호, 808호
**전화** 02) 322-7802~3
**팩스** 02) 6007-1845
**블로그** http://blog.naver.com/midasbooks
**전자주소** midasbooks@hanmail.net
**페이스북** https://www.facebook.com/midasbooks425
**인스타그램** https://www.instagram.com/midasbooks

© 김나라, 미다스북스 2026, *Printed in Korea*.

**ISBN** 979-11-7355-749-1 03810

**값 19,000원**



**미다스북스**는 다음세대에게 필요한 지혜와 교양을 생각합니다.

김나라 지음

# 엄마의 오늘 시스템

읽고 쓰며 삶을 다시 세운 기록

**불안한 엄마가 나를 믿는 육아를 하기까지**

미다스북스

## 좌충우돌 육아하며 일하며
### 무너지지 않는 일상의 규칙

## 엄마의 오늘 시스템
### 오늘을 살아가는 나만의 방식

엄마라는 이름을 얻었을 때 불안에 휩싸였다. 아이를 잘 키우고 싶은 마음이었다. 수십 권의 육아서를 꺼내 읽었지만, 내 아이에게 딱 들어맞는 정답은 어디에도 없었다. 책을 읽을수록 나의 육아는 오히려 흔들렸다. 내가 주고 싶은 사랑과 아이가 받고 싶어 하는 사랑의 차이를 알지 못했고, 아이가 자랄수록 내가 만들어 줄 수 있는 세계는 한계에 부딪혔다. 아이를 향한 사랑은 내가 아는 방식에만 머물러 있었는지 모른다. 자신을 뒤로한 채 아이의 삶만 잘 가꾸려 했던 마음을 덜어내야 했다. 나를 찾고 세상을 바라보는 시야를 넓히는 일이 우선이었다. 내 삶을 바로 세워 아이에게 좋은 본보기가 되고 싶었다. 만족스러운 육아의 끝은 육아서를 통

달하는 게 아니라, 엄마인 나를 되돌아보며 아이와 함께 성
장하는 데 있었다.

　배우고 기록하는 엄마가 되면서 일상의 성장을 기록으로
채워왔다. 공부한 내용을 노트에 정리하고, 블로그를 통해
세상과 소통했다. 나에게 도움 되었던 정보를 포스팅해 공유
하며 이웃들과 마음을 나누었다. 그중에서 마음이 여린 아
이, 불안한 아이에 관한 글은 다른 게시물에 비해 검색 조회
수가 높았다. 나처럼 아이가 걱정되어 고민하는 엄마들이 많
다는 사실을 알게 되었다. 내가 겪은 시행착오와 배움으로
누군가에게 작은 도움이 되고 싶었다. 불안을 마주하며 알게
된 것은 지나고 보면 어떤 결정이든 나름의 의미가 있었다는
사실이다. 정답을 찾으려 애쓰기보다 내가 내린 선택을 인정
하고 의미를 찾을 때 성장은 시작된다. 육아는 아이를 키우
는 일이면서 동시에 나를 이해하고 성장시키는 여정이었다.
나에게 집중하는 삶을 통해 조용한 자신감을 채웠다. 그 과
정에서 육아에 대한 믿음도 단단해져 갔다. 타인의 삶이 아
닌 내가 존재하는 오늘에 집중할 때, 육아도 내 삶도 온전히

챙길 수 있다.

이 책의 시작은 5년 전이다. 더 나은 엄마가 되고자 했던 과정을 담은 이야기다. 육아의 시간 속에서 마주한 어려움을 나름의 방식으로 풀어내며 성장으로 일궈온 발자국이다. 부족했던 삶의 태도를 조금씩 다듬어 나갔고, 때로는 두려웠던 앞날은 기대하는 날들로 바뀌었다. 가끔은 마음속 이야기를 꺼내기가 쉽지 않았다. 자판을 두드리면서도 어떤 이야기를 담고 덜어내야 할지 고민했다. 그러나 분명한 것은 원고가 한 장씩 채워질수록 나는 단단해졌다. 불안을 성장으로 바꾸는 여유가 생겼다. 더디게 가는 길이 오히려 맞는 길이라 믿는다. 불안을 성장의 동력으로 바꾸는 나만의 시스템 덕분이다. 모든 것에는 총량이 있다고 한다. 충분히 불안했던 삶의 과정이 있었기에, 이겨낼 힘도 키울 수 있었다.

1장 '불안한 나를 마주하다'에서는 육아하며 겪은 희로애락을 담았다. 그때를 떠올리며 써 내려간 기록들이 육아가 처음이라 어려운 엄마들에게 공감과 다독임이 되길 바란다. 2장

'나를 찾는 시간'에서는 독서와 사색을 통해 찾아온 내면의 변화를 담았다. 책을 읽고 생각하며 얻은 깨달음은 멈춰 있던 나를 성장하게 하는 시작이었다. 나에게 전환점이 되어준 한 문장은 여전히 일상의 기준이 된다. '좌충우돌 육아하며 일하며'라는 제목의 3장에서는 육아와 일을 병행하며 겪은 에피소드를 모았다. 육아에만 집중된 삶에서 벗어나 워킹맘으로서 더 넓은 세계로 나아가는 이야기다. 복직을 준비하고, 엄마로서의 자아를 찾는 이들에게 작은 보탬이 될 수 있다. 4장은 '엄마의 오늘 시스템'으로 이 책에서 꼭 전하고 싶은 나만의 성장법이다. 불안이 어떻게 성장이 될 수 있었는지, 실제 삶에 적용해 온 구체적인 방법들을 담았다. 마지막 5장 '엄마의 성장이 아이에게 닿을 때'에서는 아이를 키우며 엄마인 나도 함께 자라난 기록이다. 아이와 성장하며 더 나은 아내와 엄마로 살아가고자 하는 이야기로 이 책을 마무리했다. 각 장의 이야기를 통해 불안을 넘어 성장을 이뤄 가는 과정을 볼 수 있다.

어쩌면 불안은 흔들리고 싶지 않은 마음일지 모른다. 그 마음을 들여다보고, 눈에 보이지 않던 길을 하나씩 만들어갈 때 성장은 시작된다. 지치고 불안한 오늘을 지나는 모든 엄마를 응원하는 마음으로 글을 썼다. 첫 장을 펼친 당신에게 반가움과 감사를 전한다. 지금 불안하다면 그건 성장의 문 앞에 서 있다는 증거다. 이 책이 당신의 삶에 작은 등불이 된다면 더없이 감사할 듯하다. 끝으로 컴퓨터 배경 화면 속 파일로만 존재하던 글, 꺼낼 수 없을 것만 같았던 이야기가 세상의 빛을 볼 수 있도록 아낌없이 도와주신 분들께 깊은 감사를 표한다.

김나라

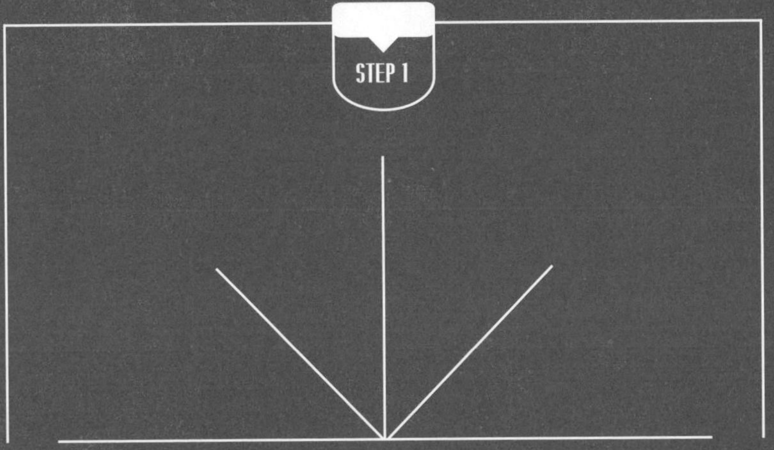

# 불안한 나를 마주하다

엄마가 된 후, 나를 잃어버린 시간

## 아기를 품는다는 것

2017년 7월 21일 오전, 엄마가 되었다. 제왕절개 수술 마취에서 깨자마자 아기는 건강하냐고 물었다. 눈을 뜨니 아기를 안고 있는 신랑이 보였다. 하늘색 겉싸개 속 퉁퉁 부은 다홍빛 얼굴로 잠들어 있는 작은 아기. 솜털처럼 가늘고 부드러워 보이는 머리카락부터 눈, 코, 입 하나하나에 시선이 멈췄다. 움찔대며 미간을 찡그릴 때는 어딘가 불편해 보였다.

"힘콩아."

태명을 불러도 미동도 없이 잔다. 아기와의 첫 만남, 어떤 말을 건네야 할까 조심스러웠다. 열 달 동안 품고 있던 아기가 내 눈앞에 있어 신기했다. 5분 남짓 우리 부부는 아기만 바라보고 있었다. 면회 시간이 끝나고 아기는 신생아실로,

나는 입원실로 옮겨졌다. 생리통 비슷한 얼얼한 통증과 다시 잠들었다.

출산 전 흔히 산모들이 말하는 이벤트를 여러 번 겪었다. 산모에게 이벤트라는 뜻은 임신 기간 중 아기나 엄마 몸에 이상이 생겨 검사나 치료가 필요한 경우를 말한다. 엄마들 사이에서만 통하는 은어이다. 아기를 가지면 주 수에 맞게 검사를 받는다. 보통 4주 차에 아기 심장 소리를 듣고, 11주에는 기형아 검사를 한다. 20주 이후 태아 정밀 검사를, 이어 산모 임신 당뇨 검사도 진행된다. 다행히 이 네 가지 검사는 문제없이 지나갔다. 하지만 23주 이후 밤마다 처음 느껴보는 배 통증이 문제였다. 임신 중기, 뱃속에 태아 크기는 15cm 정도였다. 당시 내 배는 바가지 하나 크기로 배가 볼록 나와 있는 상태다. 5분~10분 일정한 간격으로 배 한 쪽이 봉긋 부풀어 올랐다. 그때마다 주먹을 꽉 쥘 때처럼 근육이 조이는 통증이 느껴지고, 식은땀이 났다. 똑바로 누워서 그런가 싶어 옆으로 몸을 누워도 여전했다. 어느 날은 30분 이내로 그칠 때도 있었지만, 1시간이 넘도록 이어지는 통증에 편히 잠을 이루지 못할 날이 많았다. 정기검진에서는 산모의 건강도 괜찮고, 아기도 주 수에 맞게 잘 크고 있다고 했었다. 그러나 안도하는 마음은 오래가지 못했다. 주 수가 찰수록 통증이 더 잦아지고 심해졌다. 유독 밤에 그러니 산부인과 응급실에 전화를 걸어 묻는 일이 반복되었다. 내원하라는 말에 신랑은 퇴근 후 새벽이면 나를 데리고 응급실에 가는 일이 여러 번 있었다. 내가 느끼는 통증으로 뱃속 아기가 아프고 괴로울까 걱정이었다. 평소 건강관리를 잘하지 않았기에 약한 내 체력 도 문제라는 생각에 아기에게 미안한 엄마였다.

내가 느꼈던 통증은 자궁 근육 수축으로 나타나는 현상이 었다. 태아가 성장하면 자궁도 커진다. 자궁은 본래 다른 근 육보다도 뛰어난 신축성을 가지고 있다. 그래서 근육이 늘어 나면 반작용 현상으로 원래 자리로 돌아가려는 성질이 나타 나는 것이다. 이 밖에도 임신 기간에 분비되는 호르몬의 영 향 등의 이유도 있다. 임신 기간 동안 흔히 일어나는 증상이 다. 증상이지만 통증이 30분 이상 계속되고 나아지지 않는 다면 조기 진통일 수 있어 잘 살펴봐야 했다. 응급실로 가 배가운데 띠를 둘러 태동 검사를 했다. 초음파를 이용해 태아의 상태가 안녕한지 자궁의 수축을 통해 확인하는 검사다. 검사를 시작하면 그래프가 출력된다. 통증이 있을 때마다 선 높낮이가 위아래로 뾰족하게 나타났다. 자궁수축 증상을 완화 시키는 '라보파'라는 수액을 처방받게 되었다. 보통 수액과 달리 6시간 이상을 맞아야 했다. 응급실 병상은 집에 있는 침대보다 단단하고 온기가 없어 차갑게 느껴졌다. 수액을 투여받고 20분 정도가 지나자 심장이 빨리 뛰었다. 가만히 누워 있는데도 손이 부들부들 떨리고 어지러웠다. 한숨 자고 싶었지만 불면 증상도 약물부작용이었다. 수액을 맞는 동안 응급실에 있는 산모들의 목소리도 들렸다. 커튼에 가려 보이지 않았지만, 출산이 임박해 고통스러워하는 소리였다. 몇 개월 뒤 나에게도 곧 일어날 일이었다. 6시간 수액을 맞고 다시 태동 검사를 했다. 다행히 진통이 멈춰 귀가할 수 있었다. 병원을 나왔다. 따뜻한 5월, 오전 8시. 도로에 자동차가 줄지어 가는 모습, 출근하는 사람들이 눈에 들어왔다. 나와는 다른 세계로 보였다. 아기를 지키는 것만이 내 일이었다. 더 이상 응급실에는 오고 싶지 않았지만 얼마 못 가 통증이 다시 시작되었다. 정기검진차 갔다가 결국 입원을 권유받았다. 조산 위험이 커 태아와 산모를 위한 최선이었다. 25주 차의 아기 무게는 800~910g, 이제 막 시신경이 발달하는 시기였다. 태어나 처음으로 입원했고, 주사를 무서워하지 않던 나는 3일마다 바꿔야 하는 링거 바늘이 두려웠다. 그 뒤로 한 달 반을 병원에서 지냈다. 식사나 화장실 갈 때를 제외하고 거의 누워서 시간을 보냈다. 자연스레 핸드폰 사용 시간이 길어졌다. 맘카페 속 나와 같은 처지의 산모들 이야기를 읽으며 위로받았다. 아기를 더 품을 수 있다는 자체가 감사한 일이었지만 우울하기만 했다. 34주 차 3일, 의사 선생님께서 퇴원해도 괜찮다고 했다. 조산해도 위험성이 크지 않을 정도로 자랐고, 집에 가고 싶어 했던 산모를 위한 결정이기도 했다. 태아는 뱃속에서 역아 자세로 있었다. 자연분만이 어려웠기에 수술 날짜까지 예약하고 퇴원했다.

임신과 출산, 행복보다 걱정과 두려운 마음이 컸다. 아기를 품고 있는 과정이 이렇게 어려운 일인지 몰랐다. 수액 처방으로 불안한 마음 조금 덜 수 있었지만, 하루가 이틀 같았다. 주변에서는 아기가 태어나면 더 힘들 거라 했다. 뱃속에 있을 때가 참 좋았다는 생각이 들 거라는 말도 전혀 공감하지 못했다. 출산 후 눈에 보이지 않던 아기가 내 눈앞에 있는 것만으로도 감사한 마음이 들었다. 내겐 왜 이런 일이 일어나는지에 대한 생각 다 잊었다. 내가 느꼈던 불안과 걱정은 오히려 큰 감사로 돌아왔다. 길게만 느껴졌던 임신 기간을 잘 견뎌온 해방감도 함께했다. 경험하지 못한 일은 누구나 처음엔 어렵고 두렵다. 때로는 평범하지 않은 과정을 걸어올 수 있다. 그러나 어떤 상황이든 성장의 기회가 되기도 한다. 엄마가 되어가는 과정, 그때를 떠올리면 오늘에 감사하지 않을 수 없다.

 엄마의 오늘 시스템

# 내가 나를 귀하게 여길 때
# 커지는 아이의 행복

임신 6개월, 여전히 아이를 기다리는 행복이 무엇인지 몰랐다. 어딘가 불편한 마음 컸다. 결혼 후 직장을 그만뒀다. 직업 특성상 휴가나 병가 등의 이유로 쉬지 못했다. 하루를 꼬박 직장에서 보냈다. 아침 8시에 도착해 저녁 8시가 되어 나왔고, 행사 기간이면 밤 10시 퇴근은 기본이었다. 여유 있는 하루의 해방감이 컸다. 하지만 행복은 시간에 비례해 오래가거나 크게 느껴지는 건 아니었다. 몇 개월 전만 하더라도 하루를 꼬박 직장 내에 있다가 텅 빈 집안에 혼자 있는 생활이 익숙하지 않았다. 임신을 축하한다며 연락이 오면 새로운 생명을 기다리는 설렘이 느껴졌지만, 그 마음이 오래가진 않았다. 태아의 건강을 위해 신경 써야 할 점이 많았다.

가려야 할 음식부터 출산에 관한 문제까지 모든 게 새로웠다. 친한 친구들 사이에서는 내가 거의 처음으로 아기를 가졌다. 어른들을 뵐 때마다 이래야 하고 저래야 한다는 말에 귀 기울였다. 식당에 가기 전에는 맛집을 찾기보다 임신 중에 먹어도 되는 음식인지부터 검색했다. 예쁜 말을 하고 보기 좋은 음식을 먹고, 잘 낳으려면 많이 걸어야 한다는 이런저런 조언을 실천하려 했다. 쉬고 싶은 날에도 아이를 위한다는 마음으로 일부러 나가 걷기도 했다. 피곤한 건 체력이 약해서 그런가 싶었다. 집 안에만 있기 답답하니 바깥바람도 쐬고 기분 전환한다는 생각이었다. 걷고 난 오후에는 배 뭉침 증상이 나타났다. 그땐 그게 어떤 통증인 줄도 모르고 가볍게 넘겼다. 해야 하는 일은 많은데 내 몸이 게으르다고만 생각했다. 신랑의 퇴근 시간 즈음 마트에 가서 장을 봤다. 주간과 야간으로 일주일씩 근무 시간이 바뀌는 패턴에 맞게 내 생활도 맞춰져 갔다. 매일은 아니지만, 새벽에 출근하는 남편의 아침을 챙겨주기도 했다. 밤이면 잠이 오지 않아 꼬박 밤을 새워 출근 배웅을 하는 날도 있었다. 가정을 돌보면서 남편이 먹고 싶은 음식이 무엇인지 요리해 주는 게 일상의 작은 행복이었다.

임신 10개월, 중기를 벗어나 몸은 점점 더 무거웠다. 집안일이나 밥을 챙기는 일 등 내가 자발적으로 원해서 하던 일들은 의무감으로 바뀌었다. 안 한다고 누가 뭐라 할 사람도 없는데 마음이 불편했다. 퇴근 시간에 맞춰 어떤 음식을 시켜 먹으면 좋을지 생각했다.

"요즘 몸은 좀 어때? 아기는 잘 있지?"

안부를 묻는 한마디도 부담이었다. 아이를 기다리는 행복보다 뱃속에서 잘 품어야 한다는 생각이 들었다. 아직 태어나지 않은 아이에게 모든 행복이 맞춰져 있는 것 같았다. 누구의 탓이 아니라 산모인 나 자신을 위한 행복은 챙기지 못하고 있었다. 나부터 나를 챙기지 못하니 타인의 말에만 귀 기울이게 되고, 어떤 조언이든 정답인 것처럼 모두 지키려 애썼다. 직장을 벗어나 여유로운 하루를 보내는 데에 내 중심을 잡지 못했다. 규칙적인 생활은 뒤로하고 내가 느끼는 통증도 대수롭지 않게 여기며, 나를 들여다보지 않았다. 아기를 위해 더 노력해야 할 점이 무엇인지 생각하고, 정보를 더 알아야 한다는 부담을 안고 있었다.

엄마가 행복해야 아이도 행복하다는 말을 그땐 알지 못했다. 태교도 오직 아이를 위한 일이었다. 엄마가 이렇게 해야 아이도 건강하게 잘 태어날 수 있다는 정보들은 마음을 무겁게 했다. 몸이 힘들거나 쉬고 싶어도 아쉬운 소리 하느니 참고 지냈다. 엄마로서 아기를 위해 하루하루 해야 할 것과 하지 말아야 할 것을 확인하고 지켜나가는 게 당연한 줄 알았다. 어쩌면 인내라는 말이 더 잘 어울렸다.

이제 와 인내라는 의미의 두 가지 모습을 정의해본다. 첫째, 무언가를 피하고 싶어 참아내는 부정적인 인내, 둘째, 무언가를 이루고 싶어 참아내는 긍정 인내이다. 임신하고 출산 후 몇 년 동안 무언가를 피하고 싶어 참아내는 인내로 살아왔다. 혹시 나로 인해 어떤 문제가 생길까 봐, 실수라도 할까 봐 마음 졸였다. 항상 스스로에게는 여유롭지 못했다. 하나의 걱정이 실타래를 엮어 커졌다. 살면서 지켜야 하고 조심해야 하는 부분이 많은지 불만스러웠다. 임신 기간 몸이 힘든 것보다 마음이 불안하고 걱정으로 찼다. 새 생명을 안고 있는 행복한 가정의 모습이었지만, 불안한 행복이었다. 맛있는 것 많이 먹고 편안하고 행복하게 지내야 하는 열 달보다 아기를 위해 잘 먹고, 잘 참고 버텨야 한다는 마음이 먼저 들었다. 임신과 출산, 아기는 너무도 소중하고 귀하다. 그러나 내가 나를 더 귀하게 여길 때 엄마도 아이도 더 행복해진다.

임신이 처음인 누군가에겐 모든 것이 조심스러울 수 있다. 먹고 싶은 음식을 참는 일은 아이를 위해 기분 좋게 지켜 낼 수 있는 당연한 일이기도 하다. 하지만 넘쳐나는 임신 육아 정보 속에서 내가 할 수 있는 만큼의 노력과 소신을 갖는 일도 중요했다. 임신 중 몸이 보내는 신호에 잘 귀 기울여야 하듯이 마음을 들여다보는 일도 당연하다. 아이는 뱃속에서 엄마와 같은 감정을 느끼며 성장한다는 사실을 알게 된 이후로 임신 기간을 떠올리면 여전히 미안한 마음이 든다. 그런 마음이 들 때마다 아이에게 미안하다는 말 대신 세상에서 내가 제일 잘한 일은 너를 낳은 일이라는 걸 잊지 않기로 했다. 그리고 아이와 앞으로 오늘에 충실하며 더 많이 행복할 거라 다짐한다. 다가오지 않을 미래의 불안보다 지금 나에게서 얼을 수 있는 행복에 귀 기울인다.

# 준비와 현실 사이,
# 첫 육아

분홍색 겉싸개 속 아이를 조심스레 안고 조리원을 나왔다. 출산 후 세 식구가 되어 집으로 돌아가는 길이다. 며칠 전 차량 뒷좌석 카시트도 달아두었다. 육아 박람회에서 산 첫 번째 육아용품이었다. 그런데 막상 쓰려고 보니 상담 받은 내용이 기억나지 않았다. 신생아 때부터 일곱 살까지 사용할 수 있는 카시트라는 말만 떠올랐다. 뒷좌석에 앉아 아이를 안은 채 카시트 위에 올려두다 다시 안기를 반복했다. 신생아는 몸을 가누지 못한다. 머리부터 허리, 엉덩이까지 잘 받쳐 안아야 한다. 흐물흐물한 아기 몸. 카시트에 앉히려면 겉싸개부터 벗겨야 하는데 쉽지 않았다. 잠든 아기가 깰까 조마조마했다. 출발까지 10분 넘게 걸렸다. 당황한 얼굴로 신랑을 보았다. 결국 내가 안은 채로 출발했다. 가장 안전한 방법인 것 같았다. 집까지 돌아오는 이십여 분 동안 운전대에 앉아 있는 사람처럼 신호와 좌우를 살폈다.

무사히 집에 도착했다. 아기를 조심스레 침대에 눕혔다. 곧 분유를 먹일 시간이다. 출산 전 젖병과 분유도 준비해 두었다. 막상 분유를 타려고 보니 방법도 모르고 있다는 걸 그제야 알아차렸다. 분유통에 붙어 있는 설명서를 읽어도 이해되지 않았다. 인터넷에 검색하니 분유 회사마다 물과 분유를 타는 순서도 달랐다. 분유는 프리미엄, 노발락 등 종류가 다양했다. 명칭을 정확히 적어 다시 검색했다. 아기가 일어날까 봐 눈과 손은 더 빨라졌다. 직접 타주는 건 처음이라 조심스러웠다. 물 용량이 알맞지 않으면 설사나 변비가 올 수 있다고 했다. 또 분유가 맞지 않으면 소화를 잘 시키지 못해 토를 하거나 배앓이를 할 수 있다. 첫 분유를 타기 직전에 알게된 사실이다. 잠을 자던 아이가 꼼지락대고 양다리를 뻗으며 용을 썼다. 이어 울음을 터뜨렸다. 간호사가 알려 준 수유 시간이 얼추 맞았다. 떨리는 마음으로 조심조심 분유 가루 두

스푼을 넣고, 따뜻한 물을 부었다. 안방으로 가지고 가 옆에 두고 조심스럽게 아기를 안았다. 신랑에게 손수건 한 장 부탁해 아이 턱 아래에 댔다. 입에 젖병 꼭지를 넣어주니 아기는 나를 바라보며 꿀떡꿀떡 먹었다. 수유 후 두 손으로 아기 뒷머리와 엉덩이를 감싸 들어 트림을 시켰다. 조리원에서 몇 번 해본 일이라 남편 앞에선 능숙해 보였을지 모른다. 모르지만 서툰 육아에 애쓰는 나였다. 빈 젖병을 들고 주방으로 나왔다. 부엌 옆에 반쯤 열려 있는 아기용품 방이 눈에 들어왔다. 힙 시트, 돌 아기 내복, 아기 장난감들이 여기저기 있다. 지퍼 팩부터 일회용 분유 팩, 겨울 점퍼, 목욕 바구니 외에도 쓰임을 정확히 모르는 물건이 방바닥 반절 이상을 차지하고 있다. 새 비닐 뜯지도 않은 물건이 있다. 이것저것 급하게 찾을 때마다 불편했다. 그런데도 어떤 것부터 쓸 수 있는지 잘 알지 못해 몇 주를 그대로 두었다.

그날 새벽 열두 시쯤, 아이는 숨이 넘어갈 듯 울었다. 얼굴이 새파랗게 질러 있었다. 1시간 전쯤 분유를 먹어서 배고플 시간은 아니었다. 아이를 안고 거실부터 안방을 돌아다녔다.

걸음이 더 빨라졌다. 울음소리는 그치지 않고, 숨이 넘어갈 듯 울었다. 이유를 알 수 없었다. 5분이 넘게 울어대는 동안 나도 따라 눈물이 날 것 같았다. 보랏빛 얼굴이 여전히 기억 난다. 다음 날 남편과 소아청소년과에 갔다. 어제 일을 말했 지만, 걱정스러운 내 마음과 달리 아이는 품에서 평온한 얼 굴로 잠을 자고 있었다. 의사는 아직 장이 발달하지 않아 배 앓이 증상이 오면 그럴 수 있다고 했다. 추천해 준 유산균을 사서 돌아왔다. 매일 챙겨 먹이니 새벽에 깨서 심하게 우는 일도 줄었다.

아기가 자는 시간이면 어김없이 핸드폰을 열어 정보를 찾 았다. 놓치는 부분이 있을까 싶어 지역 온라인 육아 카페를 여기저기 들어가 확인했다. 출산 전에는 용품을 검색하고 비 교하는 일에만 시간을 들였다. 잘 키우고 싶은 마음은 물질 적인 걸 준비하는 데만 초점이 맞춰져 있었다. 어떻게 씻기 고, 분유를 타는지 공부하지 않았다. 이 제품이 좋다고 하면 다시 검색해 찾고, 여기저기 블로그 후기를 읽고 비교했다. 배송받은 육아용품을 보고 더 수월하겠다는 생각했다. 채워

놓은 온라인 장바구니 물품 개수만큼 육아가 쉬울지 알았다. 그때그때 사도 늦지 않다는 걸 빈방에 늘어진 물품들을 보며 느꼈다. 불안한 마음이었다. 자꾸만 외부에서 해결하려 했다. 불안한 마음에 시야가 좁았던 그때는 모든 게 서툰 엄마였다.

# 잘 다녀오라는 말이
# 어려웠던 날들

아이가 4살이 되던 해, 아이는 엄마의 감정을 먹고 자란다는 말이 무서웠다. 그때 이유 모를 무기력과 싸우고 있었기 때문이다. 아침이 되어도 쉽사리 일어나지 못했다. 밤잠을 설치던 날은 아침이 두려웠다. 아침이면 언제나 아이가 먼저 잠에서 깼다. 잠결에 내가 조금 뒤척이기라도 하면 딸은 엄마가 눈을 떴는지 가까이 와서 확인했다. 피곤함에 바로 일어나지 못하고 자는 척했다. 결국 빨리 일어나라는 울음 섞인 투정에 겨우 몸을 일으켰다. 질끈 묶은 머리 사이로 삐죽삐죽 나와 있는 잔머리, 부스스한 모습으로 거실에 나왔다. 소파에 앉아 멍하니 한참을 앉아있다 정신을 차렸다.

'밥 챙겨줘야 하는데….'

소파에 앉아 있는 엉덩이가 무겁다. 씻지도 않고 부엌으로 갔다. 일어나면 양치하고 따뜻한 물에 레몬즙을 타 챙겨 마시는 지금과 달랐다. 그럴 시간이 충분히 있어도 내가 내 몸을 챙기는 게 익숙하지 않은 엄마였다.

4살까지는 가정 보육으로 아이를 키우고 싶었다. 그러나 언제부턴가 아이를 위해 꼭 해야 하는 일 외에는 아무것도 할 수 없었다. 밥을 챙겨 먹이고, 씻기고, 놀아주는 일을 의무감으로 겨우 해냈다. 시시때때로 시계만 바라보며 남편을 기다렸다. 의지하는 마음이 컸다. 가끔 화장실에 가면 거울에 비친 그때의 모습이 떠오른다. 첫째 만삭 몸무게는 54kg이었는데, 출산 후 몸무게는 42kg로 줄었다. 안 그래도 마른 몸, 볼살이 쏙 들어가 있었다. 빨갛게 충혈된 눈과 쭈글쭈글한 티셔츠, 처지고 말린 어깨. 불안정한 마음은 보이지 않았더라도 아이에게 들킬까 봐 겁이 났다. 아무렇지 않으려 애썼다. 계속 환하게 웃어주진 못해도 놀이에 애써 미소 지으며 반응해주려 했다. 놀이는 어쩌면 가짜 마음이니 흉내 낼 수 있어 다행이었다. 역할 놀이를 좋아하던 아이는 소꿉놀이 장난감을 자주 가지고 놀았다. 알록달록 접시 위에 음식 모형을 올려 밥상을 차렸다. 쩝쩝 소리를 내며 맛있게 먹는 시늉을 했다. 인형을 흔들며 말하는 역할 놀이도 내 감정을 숨길 수 있었다. 아이가 행동하고 말하는 대로 따라 반응하는 건 그리 어렵지 않았지만, 그때 내 감정을 아이가 느꼈을지도 모른다.

힘들어하는 나를 보고 신랑은 아이를 어린이집에 보내는 게 어떻겠냐고 했다. 어릴 때는 엄마가 육아하는 게 무엇보다 중요하다고 확신하던 나에게는 받아들일 수 없는 의견이었다. 한동안 인정하지 못했다. 내 눈엔 어리기만 한 아이, 더군다나 힘든 내 감정 때문에 보내야 한다는 상황이 싫었다. 그러나 받아들이고 싶지 않은 마음에 비해 내 상태는 더 나빠지고 있었다. 점점 느려지는 아이를 향한 행동과 반응, 쉬고 있는데도 아무것도 하고 싶지 않은 기분이 계속되었다. 받아들이고 싶지 않았지만 어쩔 수 없는 선택이었다. 적응하면 오히려 어린이집이라는 환경이 더 나을 거라 애써 생각을 바꿨다. 내 쉼의 시간과 공간이 아이에게 도움이 되리라 믿는 수밖에 없었다. 남편과 함께 집 근처 어린이집을 알아보았다. 세 곳에 상담 예약을 잡았다. 바짝 예민해져 있는 내게 어떤 기관도 썩 마음에 들 리가 없었다. 사탕을 쥐여주는 원장, 블록 바구니를 꺼내주는 원장, 아이를 대하는 태도는 어떤지 등 작은 것 하나 나름의 점수를 매겼다. 교실을 둘러보며 교구에 관심을 보이는 아이에게 다음에 오면 친구들과 재미있게 놀자고 넌지시 말을 했다. 울며 겨자 먹는 심정으로 그중에 괜찮다고 생각한 기관으로 등록했다.

어린이집 첫 등원일, 아이는 걱정과 다르게 기분 좋게 다녀왔다. 아이를 어린이집에 보내면 눈물이 난다는 친구의 말이 생각났다. 엄마가 되니 어떤 마음인지 이해됐다. 삼일 정도는 여유 있게 인사하고 들어가던 아이는 그 이후 손을 뻗으며 절규하는 듯한 모습으로 교사에게 안겨 교실에 들어갔다. 등원을 거부하던 얼굴이 생생하다. 아무렇지 않게 헤어지지 못하고 걱정 가득한 얼굴로 아이를 바라보았다. 헤어지며 자꾸만 뒤돌아보았던 엄마다. 다행히 교사는 어린이집에 들어와서는 금방 울음을 그치고 놀이한다고 했다. 보내준 사진 한 장에 안도했다. 하지만 약 3개월 동안은 등원을 거부했다. 어린이집 하원 버스에서 내리면 혼이 나간 아이처럼 지쳐 내게 안겼다. 일과 시간을 늘려도 낮잠 시간에 자지 못하고 돌아왔다. 집에 돌아와 놀 때면 낮잠을 자지 않아 혼나는 상황을 흉내 내며 놀이했다. 아이들은 놀이로 해소한다는 걸 알고 있었지만, 속이 탔다. 지켜보자는 마음으로 아침마다 기분 좋게 달래려 애썼다. 어린이집에 보내는 일도 많은 에너지가 필요했다.

얼마 뒤, 온종일 뉴스가 떠들썩했다.

"신종 인플루엔자 코로나 국내 첫 환자가 발생했습니다."

여기저기 같은 내용 반복이라도 계속 확인하게 된다. 확진자가 1명이었는데, 두 자릿수, 세 자릿수로 늘었다. 기관에 다닌 지 얼마 되지 않았는데, 이런 상황까지 덮치니 불안에 불안을 더했다. 코로나가 처음 시작할 때만 하더라도 곧바로 퇴소를 결정하는 분위기는 아니었다. 전염병 결석으로 출석 인정이 되었다. 그러나 확진자 소식이 지역 동네까지 퍼지며 불규칙한 등원이 아이를 더 힘들게 하고 있다는 나름의 결론을 내렸다. 한편으로는 아이가 적응에 힘들어하는 모습을 보고 싶지 않은 마음도 컸다. 어린이집 퇴소도 어쩌면 내 불안을 줄이기 위한 판단이었을지 모른다.

코로나라는 이유로 퇴소를 결정했다. 그러나 어떤 이유에서든 첫 기관을 보내는 일은 무엇보다 엄마의 마음 준비가 먼저였다. 아무리 좋은 기관을 보내더라도 아이가 그 환경에 적응하는 힘 일부는 아이를 바라보는 내 시선과 마음에 달려 있음을 깨달았다. 과정이라는 긍정적인 시선으로 바라봤다면, 적응하는 데 덜 힘들지 않았을까 싶다. 엄마의 감정을 뺀 일관된 믿음이 아이에게 필요했다. 안정감을 주는 일이다. 다시 돌아간다면, 담임 선생님과의 소통을 좀 더 나누고, 좀 더 편안한 얼굴과 여유 있는 미소로 잘 다녀오라고 인사해주고 싶다.

# 담아내려 할수록
# 멀어졌던 행복

퇴근한 남편을 보자마자 눈물이 났다. 아이에게는 우는 모습을 보이면 안 될 것 같아 엉엉 울지 못했다. 휴지들이 뭉쳐져 있다. 밥 먹었냐는 물음에 오늘도 고개를 저었다. 아이 밥은 잘 챙겨 먹여도 내 끼니를 잘 챙기지 않았다. 무기력했다. 입맛이 없어서 배달 음식을 고르는 일도 한참이 걸렸다. 이 음식 저 음식 어떤지 묻는 신랑의 말에 고개를 저었다. 남편이 먹고 싶거나 아이가 먹을 수 있는 음식으로 골라 배를 채웠다. 끼니 챙겨 먹는 건 왜 이렇게 빨리 돌아오나 싶었다. 배고픔을 느끼는 게 귀찮기만 하고 싫었다. 텔레비전에서 개그맨 이윤석이 했던 말이 떠올랐다. 한 알만 먹으면 하루 내배고프지 않고 영양소가 다 채워지는 약이 있었으면 좋겠다

　　엄마의 오늘 시스템

고. 몸이 힘들 때 배고픔이 느껴지면 해야 할 일이 느는 것 같아 짜증이 났다. 평소에 배달 음식을 좋아하지 않았다. 하지만 내가 가진 에너지로는 배달시켜 먹는 게 가상 쉬운 일이었다.

코로나가 막 시작되던 무렵 한동안 어린이집에 보내지 않았다. 적응도 하지 못한 상태라 달래는 날보다 보내지 않는 날이 더 많았다. 피곤이 쌓여 쉬고만 싶고 눕고만 싶었다. 얼른 놀아달라는 칭얼거림에 일어나 앉았다. 미적지근한 반응을 보이면 아이는 놀이하면서도 자꾸만 짜증을 냈다. 방바닥에 새우처럼 몸을 눕힌 채 말과 손짓으로 시간을 보냈다. 어떤 날이면 기운이 빠진 채 시계를 더 자주 확인했다.

해마다 생일이면 아이에게 특별한 행복을 남겨주고 싶었다. 코로나가 시작되기 전 아이가 어린이집 간 사이 생일파티를 준비했다. 세 돌을 맞이한 날, 방안에 교구장 위 장난감들을 모두 내려놓고 하얀 식탁보를 깔았다. 풍선 장식을 벽면에 달고 분홍색 루피 인형을 투명 비닐에 담아 포장했다.

땡땡이 리본 끈으로 보기 좋게 묶었다. 가지고 싶어 했던 하얀 드레스도 핀으로 고정해 벽면에 걸었다. 식탁보 위에는 반짝이는 은색 동그라미 장식을 흩뿌려 화려하게 꾸몄다. 소품을 어느 쪽에 둬야 사진이 더 예쁘게 잘 담길지 고민했다. 핸드폰을 들고 왔다 갔다 하며 구도를 잡았다. 선물과 케이크, 풍선 등 위치를 한참 동안 재배치했다. 내려놓은 장난감과 교구들도 정돈해야 했다. 하원 시간이 다가올수록 마음이 바빴다. 뿌듯한 마음으로 신랑에게 준비가 다 된 사진을 보냈다. 하원 시간에 맞춰 아이를 데리러 나갔다. 아이보다 내가 더 들뜬 마음이었다. 버스에서 내린 아이의 손을 잡고 집으로 들어왔다.

"S야, 오늘 무슨 날인지 알아? 오늘은 S의 생일이란다."

닫혀 있는 방문을 열어 꾸며 논 방을 보여주었다. S는 루피 인형을 먼저 두 손 감싸 안으며 펄쩍펄쩍 뛰었다. 바뀐 방안 환경을 여기저기 둘러보기도 했다. 드레스도 빨리 입어 보고 싶어 했다. 그 순간순간을 사진에 담아내려 이리저리 움직였다. 각도별로 핸드폰 촬영 버튼을 연속으로 눌렀다. 이 정도면 됐겠다며 나름 만족했다. 행복을 잘 담아낸 것 같았다. 긴장이 풀렸다. 지친 마음이 들었다. 무거운 짐도 많이 옮기고 애썼다. 정리하려니 귀찮았다. 스스로 선택할 일인데도 누군가 고생을 알아주고 정리해주었으면 하는 마음도 있었다. 히루에 쓸 에너지를 다 써버린 듯했다. 아이 방에 비친 거울 속에 나는 엉망이었다. 질끈 묶은 머리에 하얗게 빈 이마 양쪽, 얼룩진 안경알. 늘어난 흰 티와 회색 쫄바지. 늘어놓은 상은 다음 날이 되어서야 정리했다.

그날 아이가 잠은 저녁. 핸드폰을 들어 사진 올린 인스타그램 계정을 들여다본다. SNS에는 행복하게 웃고 있는 사진들이 가득했다. 매일 아이와 함께한 놀이 사진, 생일, 예쁜 장소에서 찍은 사진이다. 나만의 작은 행복 공간이었다. 사람들은 모두 각자만의 행복이 있다고 생각했다. 현재에 만족하지 못하는 일상을 잊는 시간이었다. 오늘 느낀 행복의 찰나를 오래도록 기억하고 싶었다. 사진첩 하루를 되돌아보며 이쯤이면 꽤 괜찮은 엄마였다며 나름 만족했다. 타인에게 보이는 삶이기도 했다. 타인이 나를 바라봐주길 원하는 장면이었다. 육아는 잘하고 있다고 믿고 싶고 증명하고 싶었다. 힘든 마음은 드러내고 싶지 않았던 나약한 모습이기도 했다. 피드 하나를 채우기 위해 몇십 장 사진 중 더 나은 사진을 골랐다. 어떤 순서로 올리면 좋을지 생각했다. 사진 밑에 남기고 싶은 글을 적었다. 등록 버튼을 누르고 그동안 올린 사진들을 다시 훑어보며 좋아했다. 생일파티는 나를 위해 애쓰는 시간이었다.

가끔 내가 올린 피드를 다시 되돌아본다. 그날의 기억이 담겨 있는 사진이다. 화려한 파티, 단란한 가족의 모습 예쁘다. 준비하느라 애쓰던 과정도 떠오른다. 행복을 느끼는 일보다 담아내느라 그 순간을 자연스럽게 보지 않았다. 그 이후 한동안 SNS를 하지 않았다. 마음이 편했다. 그동안 보이는 공간에 몰입하느라 에너지를 쓰고 지쳤다는 것을 깨달았다. 내 기준으로 아이에게 줄 수 있는 최대한의 큰 사랑이라 생각하고, 그 크기만큼 오래가길 바랐던 이기적인 사랑이었을지 모른다. 올해 아홉 살이 된 딸은 여전히 생일날을 기다린다. 다섯 번째 생일에는 이제는 전처럼 엄마 아빠가 파티를 꾸며주지 않아 서운해하기도 했다. 그 이후로는 생일이다가오면 깜짝파티를 해달라고 미리 말한다.

"엄마, 이번에도 파티 열어 줄 거지?"

아이에겐 그 장면이 좋은 기억으로 남아 있어 다행이라는 생각이 들었다.


여전히 SNS를 하고 있다. 행복했던 순간의 찰나와 조각들을 남긴다. 사진으로 남기는 순간보다 마음으로 느끼는 행복의 순간들이 더 중요하다. 보이고 싶은 모습과 전하고 싶은 말보다 오래도록 기억하고 싶은 가족의 언어를 남긴다. 아이에게 집중된 행복의 단편보다 나라는 사람이 아우르는 행복을 담고 싶다. 아이가 내게 했던 말, 우리 가족만의 에피소드. 내 성장 과정이 보이는 의미 있는 공간이 되었다. 사진에 남들에게 보이는 행복을 담기 위한 애씀을 내려놓고 나니 편하게 꺼내 보는 행복이 되었다.

# 엄마가 되어 만난
# 내면의 아이

아이를 잘 키우고 싶은 마음만큼 책장에는 육아서가 가득 찼다. 여행이나 문화생활에 사용할 수 있었던 남편 회사 복지 포인트는 장바구니에 담아둔 책 사는 데 썼다. 책에 쓰는 돈은 아까워하지 않아도 된다는 말마따나 궁금하거나 깊이 알고 싶은 정보가 생기면 도서를 찾기 위해 컴퓨터 전원을 켜는 일이 많았다. 육아서는 내게 자녀에 대한 고민을 다 풀어줄 열쇠라 생각했다. 하나의 책을 검색하면 그와 연관된 도서들이 줄지어 인터넷 창에 떴다. 어떤 게 더 좋을지 목차들을 살피고 비교했다. 특히 기질이나 성향, 육아 방식에 관한 도서들은 내 아이를 객관적인 지표로 삼을 수 있는 기준이었다. 알고 싶은 게 많았다. 알아갈수록 어려웠다. 읽어야 할 책 점점 더 많게 느껴졌다. 택배물이 쌓일수록 마음 바빠졌다. 자연스레 책 속의 육아 방식과 나를 비교했다. 나름 아이에게 이것저것 시간과 정성을 많이 두고 있있다. 내 모습을 보고 친구들은 대단하단 말을 하곤 했지만, 스스로는 썩 마음에 들지 않았다. 아이가 중심이 되는 하루가 커질수록 육아 만족도는 조금씩 낮아졌다. 언제나 아이의 심리에 대해 궁금했다. 마음의 숙제였다. 아이는 나를 닮아 있는 것 같았다. 가끔 예민한 반응을 보일 때는 나처럼 불안하고 걱정이 많은 아이로 자라는 건 아닐지 염려되었다. 이 부분만은 닮지 않았으면 하는 생각에 책에서 이유를 찾고 여러 방법을 아이에게 적용해보려 애썼다.

일관되지 못한 엄마의 방식은 아이를 더 불편하게 하고 있었다. 어느 책에서든 육아는 일관성이 중요하다는 말에 공감하면서도 지키기가 쉽지 않았다. 이말 저말 다 맞는 것 같았다. 오로지 내 시선으로 아이에게 맞는 육아서를 찾고 애쓰고 있는 나를 발견했다. 육아서 속에 아이는 내 아이와 닮아 있으면서도 달랐다. 매일 내 눈으로 보고 있는 아이도 모르는데 타인의 시선에서 아이의 문제점을 찾으려 애쓰고 있었다. 나란히 세워진 책장의 도서 제목들을 한 권씩 읽었다. 예민한, 기질, 내성적, 육아법 등 꼭 해결해야 할 문제점만 많은 엄마 된 것 같았다. 무엇보다 내 시선에서 예민한 아이라는 프레임을 씌워 바라보고 있었다. 예민한 건 아이가 아니라 바로 나였다.

그러던 어느 날, 『오은영의 화해』라는 책을 만났다. 이 책을 만나고 내 육아에 대한 나만의 신념이 깨지는 계기가 되었다. 육아서인 듯 아닌 듯 다른 느낌이었다. 이렇게 키웠더니 이런 아이가 되었다는 자칭 '어려움 극복형' 육아 방식에 집중된 내용과는 달랐다. 그중 오은영 박사가 떠올린 행복했던 어린 시절 일화가 떠오른다. 이 장면으로 책을 기억하고 있다. 오은영 박사의 어린 시절, 아빠와 함께 마트 갔다 오는 길이었다. 양팔 가득 장바구니를 안고 집으로 가는 길이다. 그런데 그만 장바구니를 놓치고 말았다. 내리막길 아래로 귤이 데굴데굴 굴러간 모습을 보고 아빠와 꺄르르 웃었던 장면이 기억난다고 했다. 이 장면을 읽으며 나도 어린 시절 행복했던 순간들을 떠올려봤다. 캄캄한 저녁, 아빠를 따라 집 가까운 저수지로 민물새우를 잡으러 갔다, 낚시 투망을 들어 올리자 그 안에서 손톱만 한 작은 새우가 툭툭 튀어 올랐다.

"와~ 신기해."

파란 하늘에 뭉게구름이 핀 어느 날, 천 원짜리 지폐 한 장 들고 동네에 딱 하나 있는 구멍가게로 향하던 초등학생 시절도 생각났다. 엄마와 나의 특식이었던 450원짜리 육개장 컵라면 두 개를 사 들고 기분 좋은 발걸음으로 돌아오는 장면이다.

"엄마! 시간 잘 맞춰서 물 끓이고 있어야 해."

집에 도착하자마자 얼른 먹고 싶은 마음에 검정 봉지에 담긴 컵라면을 꺼내는 손길이 바쁘다. 라면수프를 털어 넣고, 뜨거운 물을 붓는다. 뚜껑이 열리지 않게 젓가락 끼워 올려 둔다. 구멍가게서 봤던 할머니 이야기를 도란도란 나누며 빨리 익길 기다렸다. 평범한 일상이지만 지금까지 기억되는 걸 보면 작지만 큰 행복이었다.

어린 시절을 생각하니 좋은 기억만 떠오르는 건 아니었다. 초등학교 3학년, 학교가 끝나면 나를 기다리던 남자아이가 있었다. 교실에서는 항상 조용했던 아이였다. 이유는 정확히 기억나지 않지만, 그 남자아이는 친구들에게 놀림을 당했다. 늘 억울한 표정이었다. 말도 어눌했다. 그러나 교문 밖에서 그 아이는 전혀 달랐다. 일주일에 한두 번은 꼭 나를 기다렸다. 나와 눈이 마주치면 인상을 찌푸리고 욕을 하고 갔다. 주위에 보는 사람이 없으면 내 가방을 괜히 발로 차고 갔다. 피아노 학원까지 500m 정도 되는 거리 매일 후다닥 뛰어갔다. 엄마 심부름으로 약국에 들렀다 와야 하는 날이면 마음이 조마조마했다. 약국 정류장은 그 남자아이가 사는 집 근처였다. 집으로 가는 버스를 기다리고 있는 어느 날, 멀리서부터 걸어오는 그 아이 한눈에 보였다. 가게로 피해 들어가면 버스를 놓칠 것 같았다. 눈이라도 마주치지 않고 싶어 뒤돌아 벽을 보고 서 있었다. 쿵쾅대는 두려운 마음. 어린 내가 대처할 수 있는 최선이었다. 제발 그냥 지나가면 좋겠다는 마음 간절했지만, 그러지 않았다. 그날도 눈물이 그렁그렁 두 눈이 빨개진 채 집으로 가는 버스에 올라탔다. 그 아이의 집과 거리가 멀어질수록 마음이 편해졌다. 버스를 타야 집에 갈 수 있는 거리에 사는 게 좋은 유일한 이유였다. 왜 하필 나였을까?

　보호받고 싶었다. 어떻게 하면 더 안전하고 편안할 수 있을까 싶었다. 가족들과 선생님께 말씀드렸지만, 그때뿐이었다. 지금처럼 학교폭력에 대해 적극적으로 대응하지 않았던 문화였기에 대수롭지 않은 일이기도 했다. 난 느린 아이였다. 유치원을 다니던 7살 선생님께서 만들어 주신 앨범 속 나는 활짝 웃고 있지만 기억나지 않는다. 울었던 기억만 떠오른다. 초등 1~2학년 때는 어딘가 모르게 자꾸만 아팠다. 친구들은 꾀병이라고 놀렸다. 초등 3학년 이후 역시 편안하지 못했다. 불안했다. 인지 학자 매슬로는 인간의 욕구를 5단계로 나누었다. 그 단계 중에서도 인간이 가장 기본적으로 실현해야 할 첫 번째 안전의 욕구가 충족되지 못한 것 같다.

　사람은 누구나 마음속에 내면 아이가 존재한다. 내면 아이란 어린 시절의 주관적인 경험을 설명하는 용어이다. 더 정확히 말하자면 한 개인의 정신 속에서 하나의 독립된 인격체처럼 존재하는 아이이다. 성장 시기 경험은 무의식적인 사고에 깊이 자리하여 성인이 된 시기까지 자리하게 된다. 그리고 내 아이를 바라보며 나도 모르는 내 마음속 작은 아이와 마주하게 된다. 아이는 나처럼 자라지 않았으면 하는 마음 가득한 엄마였다. 내 불안이 나의 내면 아이로부터 시작될 수 있다는 것을 알았다. 이 책을 통해 아이와 나는 서로 다른 존재임을 인식할 수 있었다. 자녀에 대한 걱정되는 부분, 꼭 이것만은 지키고 싶은 육아가 있다면 그 이유가 무엇인지 한 번쯤 깊이 생각해보기를 권한다. 나의 어린 시절 내면 아이를 바라봐주는 시간이 필요하다. 내가 그때 받고 싶었던 사랑과 내 아이가 받고 싶은 사랑이 다름을 인정하는 것. 불안하지 않은 육아의 시작이다. 우리 모두에겐 한 번쯤 만나야 할 아이가 존재한다.

여전히 나를 기다렸던 그 아이를 만날까 두려운 내면 아이가 존재한다. 그 기억을 완전히 없애는 방법은 아직 찾지 못했지만 나와 아이 문제를 분리해 바라볼 수 있는 것만으로 앞으로 나아갈 육아에 대한 불안은 반으로 줄었다고 믿는다.

# 내가 넘어야 할 산,
# 나의 신념

30대 중반, 되돌아보니 나는 일어나지 않은 상황을 늘 걱정하고 대비하며 살아왔다. 중학교 수학여행이 예고되어 있던 어느 날, 둘씩 앉는 자리에 친한 친구와 앉지 못할까 봐 마음 쓰였다. 물어보면 될 걸 거절하지 않을까 생각에 표현하지 못했다. 먼저 말해주기만을 기다렸다. 같이 앉을 친구 있는지 묻는 친구의 말이 반갑기만 했다. 그때 살뜰하게 챙겨주던 친구들에게 여전히 고마운 마음이다. 스물여덟 살의 나도 떠올려 본다. 긴장된 채로 하루를 보냈다. 직장 생활하던 그때도 사회생활에 허둥지둥 바빴다. 출근 시간 빠듯하게 서둘러 집에서 나와 막 도착하는 버스를 겨우 탔다. 회사에 도착해서 일하려는데 아침에 사용한 고데기가 문득 떠오른다. 잘 끄고 왔는지 기억나지 않았다. 혹시 불이라도 나면 큰 일이라는 생각에 주임 선생님께 어렵게 말을 꺼냈다.

"선생님, 저 집에 고데기를 끄고 왔는지 모르겠어요. 죄송한데 집에 얼른 한 번 다녀올게요."

택시를 잡아 집으로 갔다. 다행히 전원은 꺼져 있다. 한 번으로 끝나면 좋았으련만 여름에는 선풍기 끄러 돌아간 적도 있다. 위험한 상황은 한 번도 없었지만 늘 빠듯하게 집 밖을 나서고 나면 희미한 기억에 일어날지도 모를 상황을 늘 걱정했다.


아이가 두 살이 되던 해에도 그랬다. 외풍이 있는 안방에 보온 텐트를 들였다. 일명 따수미 텐트. 밤마다 씩씩대는 콧소리와 감기가 오면 열이 나던 아이가 걱정돼 주문했다. 잠들 시간이면 세척해 둔 가습기 통에 물을 넣고 습도계를 확인하고, 텐트 안의 이불을 정리했다. 아기 코를 촉촉하게 해주는 약이 생각나 다시 텐트 지퍼를 열고 나가 약을 발라주었다. 나간 김에 바깥 베란다 창문도 잘 닫혀 있는지 확인하고, 새벽이면 몸이 반쯤 텐트 밖으로 나가 모서리에 머리를 부딪치진 않을지, 아이가 춥진 않을지 걱정했다. 다시 일어나 베개로 이곳저곳을 막아 두고, 한참이 지나서야 잠이 들었다.

여유 있게 단장하는 출근 시간보다 매일 허둥지둥 일어나 씻고 나오기 바빴다. 집은 엉망이었다. 엄마가 되어서도 책임감으로 내 불편함보다 아이에 관한 일을 챙기려 노력했다. 육아가 손이 많이 가는 게 당연하지만 모든 상황을 신경 쓰느라 에너지를 썼다. 아직 일어나지 않은 일에 대한 불안이 컸다. 아이가 감기에 걸리는 일도 모두 내 탓만 같았다. 내가 짊어지고 있는 무거운 마음을 다 알아차리지 못하며 살았다. 책임감이어야 한다는 생각으로 나보다 더 중요한 것이라고 믿어왔다. 다음을 준비한다고 해서 그 일이 일어나지 않는 법은 없었다. 미리 걱정하고 준비하느라 여전히 내 일이 나중으로 미뤄지니 불만이 커져만 갔다. 혼자만 느끼는 억울함이라고 할까.

아이를 생각하는 만큼 나를 챙기고, 사랑해주고 싶었다.

아이가 클수록 버겁게 느껴지는 육아의 삶에서 편안해지고 싶었다. 조금은 더 이기적인 내가 되고 싶었다. 『누가 내 치즈를 옮겼을까?』라는 책에서 나온 신념이라는 의미를 되새겼다. 신념은 '굳게 믿는 마음'을 뜻한다. 살아오면서 사실 여부에 상관없이 스스로 믿는 생각이다. 지극히 주관적인 것이다. 내가 가진 신념에 대해 다른 각도로 바라볼 줄 아는 여유가 필요했다. 생각을 유연하게 바꾸어 같은 일이라도 다른 면을 볼 수 있는 사람이 되자고 했다. 벼룩을 컵 안에 며칠 가두었다 빼면 컵이 열려도 벼룩은 컵 크기만큼 밖에 뛰지 못한다고 했다. 스스로 잘 챙기지 않던 나를 알아차리는 일이 더 중요했다. 엄마와 아내로서 가정을 돌보는 일도 중요했지만, 나의 세상도 넓혀가야 한다는 걸 알아차렸다.

육아하는 동안은 바빠서 아무것도 할 수 없다는 고정 관념에서 조금은 벗어나는 노력부터 시작했다. 지극히 나에게 집중하는 시간을 조금씩 만들기로 했다. 아이에게만 집중된 삶이 내 행복을 좌우하지 않다는 새로운 신념을 믿어보자고 생각했다. 무얼 더 못 해줘서 아이에게 미안해하는 대신 내가 성장해서 더 많은 걸 해줄 수 있는 엄마가 되자고 말이다. 아이에게 정성과 시간을 쏟는 엄마, 그 과정에서 나도 모르게 자신보다 아이에게 기대하는 엄마, 이게 나라고 믿고 변함없이 멀리 가기에는 내 미래가 두려웠다. 아이가 성장 과정에 겪는 일에 일희일비하는 엄마가 되고 싶지 않았다. 아이의 행복이 내 행복은 확실했지만, 일방적인 행복이 될 수 있다. 부모는 때때로 자식이 자신의 세계 안에 안전하게 들어와 있을 때 안도하며 그것이 행복이라고 믿을 때가 있다. 하지만, 안전한 세계는 부모가 만들어 줄 순 없으며, 그 세계를 유지하기 위해 자신을 소비하고 있는 모습을 알지 못할 수도 있다. 나의 성장이야말로 우리 가족 모두의 행복이 될 수 있다고 생각을 바꿨다. 아이를 잘 키워야 한다는 부담과 불안도 줄어들었다. 가끔 위기라고 느낄 때면 현재 내가 가지고 있는 고정된 생각이 무엇인지 되돌아본다. 세상을 살아가며 우리가 넘어야 할 가장 높은 산은 내가 가진 신념이었다.

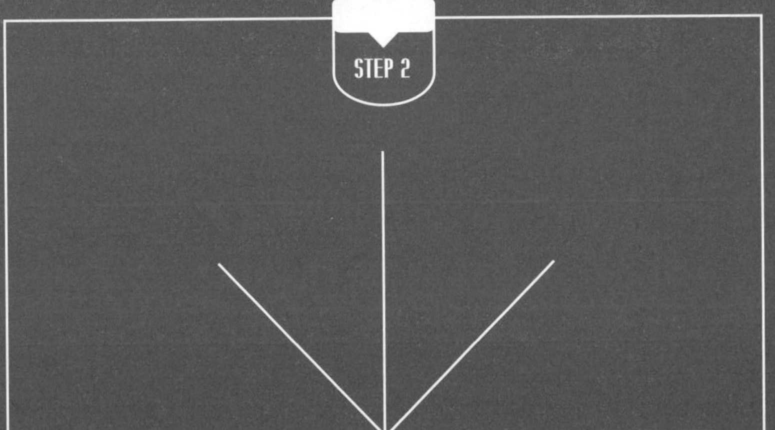



# 나를 찾는 시간

책과 기록, 멈추어 서는 연습

# 나를 마주하는
# 문장을 만나다

"자기 자신을 아는 것이 모든 지혜의 시작이다."

- 아리스토텔레스

내 마음을 알고 싶을 때 책을 더 가까이했다. 객관적으로 나를 판단하기 가장 좋은 도구였다. 친구나 가족의 조언과는 달리 작가의 글로 받는 조언은 잔소리로 들리지 않았다. 힘든 마음 말하지 않아도 위로받는 기분이었다. 내가 느끼는 모든 감정을 부정하지 않고 받아들였다. 부정적인 감정은 생존을 위한 인간의 본능이라는 사실을 알게 된 것도 책 덕분이었다. 더 잘 살아가라고 감정이 나를 지켜주고 있다고 믿었다. 내게 느껴지는 모든 감정을 피하지 않고, 마주하려 노력했다. 어떤 감정이든 소화할 수 있는 사람이 되고 싶었다. 특히 불안이라는 감정. 그러던 중 내 감정에 따라 나를 객관적으로 판단할 수 있는 한 문장을 만난 건 행운이었다.

"과거에 사는 자는 우울하고, 미래에 사는 자는 불안하며, 현재에 사는 자는 행복하다."

- 노자

내 마음이 어디에 머물러 있는지 알아차릴 수 있는 문장이었다. 가끔 부정에 사로잡혀 스스로 좁은 방 안에 가두고 마는 괴로움이 느껴질 때면 과거를 그리워했다.

'내가 그땐 참 좋았었는데…. 조금만 더 열심히 했어도….'

내 행복은 과거에만 머무르는 것 같았다. 미래가 두려워 선택하기를 고민했다. 똑같은 실수를 할까 봐 겁이 났다. 당혹스러운 상황을 마주하고 싶지 않았다. 어떤 상황에 나만의 기준과 조건으로 대비하는 데만 애쓰는 사람이었다. 그래서 미리 예견되지 않은 일을 해야 할 때면 화가 났다. 사람과 관계를 유지하는 일도 나에겐 쉽지 않았다. 만남 자체에 에너지가 쓰였다. 내가 듣고 싶은 말에만 집중되었고, 별말 아닌 말에도 가시에 박힌 듯 신경 쓰였다. 타인의 조언을 여유 있게 받아들이지 못했다. 미래에 대한 걱정과 과거에 대한 선택을 탓하는 것은 잠시의 위로가 될 뿐이었다. 이 문장의 말처럼 나는 지금을 살지 못했다. 내 마음을 들여다보고 싶을 때마다 책을 펼치고 나를 마주했다. 내가 느끼는 감정에 대해 집중할 수 있게 도와준 3권의 책을 독자에게 추천해본다.

첫째, 오은영 박사의 『오은영의 화해』라는 책이다. 육아서에만 머물러 있던 나를 자기 계발이라는 행동으로 이어준 책이다. 엄마이기 전에 나라는 사람을 따뜻하게 꼭 안아주는 책이었다. 내 마음을 먼저 돌보아야 한다는 사실을 알아차리게 해주었다. 육아를 하는 사람이 아니라도 어린 시절을 떠올리며 내 안의 작은 아이를 마주할 수 있다.

둘째, M.스캇 펙의 『아직도 가야 할 길』이다. 저자는 정신의학과 의사다. 다양한 환자들을 만나 대화를 나눈 이야기를 책에 담았다. 현재를 살아가는 우리들의 모습과 크게 다르지 않았다. 여러 상담 사례를 통해 객관적인 눈으로 나를 바라볼 수 있었다. 가족, 부부, 사회관계를 맺고 살아간다는 것에 본질이 무엇인지 생각하게 한다. 세상을 살아가는 가장 큰 힘은 사랑이라는 나만의 결론도 가질 수 있었다.

셋째, 박재연 작가의 『사랑하면 통한다』라는 책이다. 저자는 덤덤하게 자신의 아픔을 책에 담았다. 숨기고 싶은 과거는 부끄러운 게 아니었다. 용기 있는 자만이 나로 힘입어 다른 이들에게도 도움을 줄 수 있다는 걸 배웠다. 무거운 '죽음'에 관한 이야기도 나온다.

"하루를 살아간다는 것은 하루를 죽어가는 것과 같다."라는 문장은 오늘을 어떻게 살아가야 하는지 알려주었다. 하루하루 죽음으로 나아가고 있음을 이해하니, 매일 만나는 오늘이 기회라는 감사로 돌아왔다. 감사하는 마음은 하루를 대하는 태도까지 바꾸었다.

감정에 휘둘리는 삶을 살아왔다. 어떻게 하면 잘 사는 건지 생각하곤 했다. 누구에게나 정답은 없지만, 독서를 통해 나를 믿는 길, 나다운 삶에 더 가까워지고 있다. 책에서 배운 지혜를 내 삶에 적용하는 시간이 나를 성장하게 돕는다. 몇 년 전까지만 해도 미래를 생각하면 걱정만 앞섰다. 하지만 이제는 나의 40대, 50대가 기대되는 삶을 살고 있다. 책장 앞이나 서점. 내 마음에 닿는 한 권을 골라 목차를 펼치고, 눈에 들어오는 페이지를 5분만 읽어보자. 오늘 당신의 마음을 마주하고, 의미를 연결해 줄 이야기를 만날 수 있다.

# 정답이 없는 육아에서,
# 나를 만나는 육아로

"세상에 정답 같은 삶은 없다. 그저 나와 잘 맞는 방식이 있을
뿐이다."

*-『나는 나로 살기로 했다』, 김수현*

아이를 잘 키우고 싶은 마음은 여전하다. 누군가에게 아
이를 잘 키우고 있다는 소리를 들어도 스스로 좋은 엄마라고
느껴지지 않았다. 미안한 마음이 컸다. 더 좋은 옷, 건강한
음식, 바라는 일을 살뜰히 챙겨주고 싶었다. 임신과 출산 정
보는 차고 넘쳤다. 티브이 프로그램뿐 아니라 SNS 세상에는
'더 좋은 육아' 콘텐츠의 반응이 높았다. 눈길을 사로잡는 제
목을 그냥 넘길 수 없었다. 모르면 손해라는 말, 아이에게 꼭

챙겨줘야 하는 정보라기에 확인하고 메모했다. 영상 속 짧은 이야기들은 내 현실과 다르지 않았다. 시간 가는 줄 모르고 다음 영상을 보았다. 접속할 때마다 알고리즘 효과로 연관된 영상들이 피드를 타고 올라왔다. 사람은 11초가 넘으면 영상을 끝까지 보게 될 확률이 높다고 한다. 나 역시 멈추기 쉽지 않았다. 이거다 싶은 영상은 저장했다. 하지만 저장 공간에 채운 정보를 다시 공부하거나 실천하는 일은 드물었다. 유용한 콘텐츠 계정을 팔로우했다는 사실만으로 만족했다. 앞으로도 좋은 정보를 놓치지 않을 것 같은 기분이었다.

육아서도 마찬가지였다. 엄마가 처음이라 정답을 알고 싶었다. 아이가 첫 어린이집 입소 2주 차쯤 등원을 거부하기 시작했다. 원에서는 처음엔 울어도 금방 잘 논다고 했다. 적응 기간이라 생각하면서도 걱정이 덜어지지 않았다. 대학 수업에 배운 기질이라는 단어가 떠올랐다. 책 제목처럼 우리 아이의 기질을 알면 육아가 더 쉬워질 것 같았다. 책으로 아이를 다시 이해하고 싶었다. 내가 읽은 책은 기질을 파악할 수 있는 목록이 있었다. 내 기준으로 영역에 따라 체크하고 점

수를 합산했다. 그래프 모양이 원만할수록 안정된 발달이라
고 했다. 내 눈에는 유난히 뾰족해 보이는 선도 있었다. 네
살 아이를 객관적인 잣대로 보려 했다. 내 판단만으로 아이
에게 예민한 아이라는 색안경을 끼고 바라보았다.


　예민한 아이. 꼬리에 꼬리를 물며 관련 영상을 찾아 기록
했다. 특히 오은영 박사의 따뜻한 말은 큰 위로가 되었다. 영
상에서 본 책들을 여러 권 주문했다. 당시『어떻게 말해줘야
할까?』라는 책이 막 출간되었을 때다. 거실 창가에 작은 책상
에 앉아 매일 읽으며 아이에게 건넬 언어를 익혔다. 읽은 책
이 좋으면 같은 작가의 다른 책을 검색했다. 그러다 우연히
『오은영의 화해』라는 책을 만났다.
　'상처받은 내면의 나와 마주하는 용기. 나를 찾는 수업'
　일반적인 육아서와 달랐다. 내 어린 시절이 아이와의 관계
에 영향을 줄 수 있다는 것을 처음 알게 되었다. 언제나 아이
의 세상이 더 컸던 나에게 내심 반가운 책이었다. 읽는 내내
형광펜을 놓지 않았다. 공감 가는 페이지는 모서리를 접었
다. 접어놓은 장이 많아 책이 벌어질 정도였다. 나는 어떤 시

절을 보냈는지 되돌아보게 되었다. 눈물이 났고 위로도 받았다. 온전히 내 삶을 들여다보지 않고 살아왔다는 걸 알아차렸다. 엄마가 되기 전에 이 책을 봤더라면 어땠을까.

어린 시절 경험은 육아 방식과 긴밀히 연결되어 있었다. 아이에게 건네는 말과 행동, 행복을 바라보는 시선 모두 내 안에 있는 아이의 바람이기도 했다. 어린 시절 내가 기억하는 행복은 무엇일까. 부모님은 식당을 운영했다. 가끔 새벽 다섯 시에 일어나 엄마와 목욕탕에 갔다. 엄마가 사준 요플레 하나가 그리 달콤했다. 목욕을 끝내고 젖은 머리를 대충 말린 후 뚜껑에 묻은 요플레를 핥아 먹으며 행복해하는 내 모습이 선하다. 고등학생 때는 아빠가 밤 10시 하교 시간에 맞춰 자전거를 타고 학교 앞으로 데리러 왔다. 자전거 뒷자리에 앉아 아빠의 옷자락을 잡고 몇 마디 나누던 그때의 기억이 소중하다.

부모와 행복했던 평범한 일상이 어른이 되어서도 오랜 추억으로 남는다. 내 아이에겐 어떤 기억이 오래 남을까. 행복했던 기억을 함께 이야기할 날을 고대한다. 『오은영의 화해』
는 아이에게만 향하던 시선을 내 삶으로 돌려주었다. 넘쳐나
는 정보가 해답은 아니었다. 아이들과 함께 살아가는 오늘,
여기에서 행복을 찾는 게 먼저다. 아이를 잘 키우고 싶은 마
음은 어쩌면 나에게 집중하라는 신호다. 무얼 더 해주지 못해
미안한 마음이 드는 날이면 어린 시절 느꼈던 일상 행복에 집
중해본다.

# 나와 아이는
# 다르다

"아이를 사랑한다는 이유로 내가 채우지 못한 빈자리를 억지로
채우려 하면, 결국 아이는 나의 그림자가 된다."

- 『내가 원하는 아이는 어떤 아이인가』, 김종원

아이도 나처럼 자라지 않을까 걱정했다. 내 어린 시절 잊
고 싶은 일이 아이에게도 생겨날까 봐 불안했다. 초등학생
때 부모님은 늘 바쁘셨다. 밀린 일기와 방학 숙제는 오빠의
도움을 받아 겨우 해내는 정도였다. 준비물은 당일 아침에
서야 문구점에서 사 가는 날이 많았다. 챙기지 못한 준비물
을 친구에게 빌린 날도 적지 않았다. 고마움을 표현하는 일
에 서툴렀던 나는 물건을 빌려주지 않는 친구에게 괜히 토

라질 때도 있던 모난 아이였다. 학교에서는 한 달에 한 번 효도 편지를 썼다. 편지지를 빼곡히 채워 집으로 가져가면 주방에서 재료 준비하던 엄마는 미소 지으며 칭찬해주셨다. 종이 아래쪽은 부모님의 답장을 받는 칸이었다. 엄마의 답장을 받을 생각에 설렜지만, 다음 날도 비어 있었다. 식당을 운영하던 부모님은 쉴 틈이 부족했다. 눈 매워하며 도마 위 대파를 채 썰고 있는 엄마의 바쁜 모습이 여전히 선하다. 그날도 편지를 써달라고 말했지만, 편지는 채워지지 못했다. 손님이 뜸한 시간 엄마에게 물으니, 엄마는 글씨가 예쁘지 않아 써주기가 부끄럽다고 하셨다. 엄마가 불러주는 말을 내가 받아 적었다. 직접 쓴 편지를 받았던 날은 더없이 행복했다.

시내에서 차로 15분 정도 떨어져 있는 곳에서 살았다. 동네엔 또래 친구가 없었다. 식당 옆 주유소에 사는 여덟 살 동생이 유일한 친구였다. 심심할 때면 우리 식당 옥상에 올라 건너편에 사는 동생 집을 살폈다. 통유리로 너머로 동생이 나를 봐주길 기다리며 손짓을 보냈다. 그렇게 눈이 마주치면 엄마에게 언니와 놀아도 되는지 허락을 받은 듯 나에게 손짓했다.

동생네 집 거실에는 장난감과 비디오테이프가 가득했다. 동생과 시간을 보내던 어느 날 동생 집에 학습지 교사가 왔다. 잠깐만 기다리라는 동생에 말에 조용히 그림을 그리고 있었다. 학습지 선생님은 작은 어린이용 책상에 앉아 수업을 시작했다. 상냥하고 친절한 목소리로 칭찬을 건네며 빨간색 색연필로 동그라미를 그으며 채점했다. 수업이 끝나자 교사는 나에게 말을 걸었다. 몇 학년인지 어느 학교에 다니는지 물었다. 그날 집으로 돌아와 엄마에게 눈높이 선생님을 봤던 이야기를 했다. 우리 집에도 선생님이 왔으면 좋겠다고 했다.

얼마 뒤 선생님은 내 바람대로 우리 집을 들렀다. 테스트해 주신다며 식당 테이블에 나와 마주 앉았다. 수학이 어려웠던 나는 문제지를 풀며 테이블 밑으로 열 손가락을 접었다 펴며 연산 문제를 풀었다. 어린 마음에 문제를 많이 틀리면, 못하게 될까 봐 애를 썼다. 이후 선생님은 엄마와 잠시 이야기를 나눴다. 엄마는 아이와 이야기해보고 결정하겠다고 했다. 내심 기대했던 나는 엄마에게 꼭 하고 싶다고 말했지만 시작하진 못했다. 토라진 나는 방으로 들어갔다. 방 한쪽 좌식 테이블 위 스무 권 정도 기대어 있는 지식 만화책 앞에 앉아 아쉬운 마음을 삼켰다. 동생네 집처럼 높은 책상도 갖고 싶고, 안락한 내 방도 있었으면 했다. 선생님의 따뜻한 관심도 받고 싶었는데 그러지 못해 속상했다.

바쁜 엄마가 되고 싶지 않았다. 아이와 충분히 놀아주고, 가정 통신문을 꼼꼼히 확인하여 숙제와 준비물을 빠짐없이 챙겼다. 뿌듯한 마음으로 숙제를 제출하는 즐거움을 아는 아이로 자라길 바랐다. 유치원 적응 기간 중 아이는 유치원을 쉬고 싶어 하는 날이 잦았다. 집에 있는 엄마와 함께 시간을 보내고 싶어 했던 게 주된 이유였다. 우연히 유치원 담임과 통화를 하게 되었을 때 아이는 생활에 너무도 잘 적응하고 있다고 했다. 다만 적응을 위해 쉬고 싶어 하더라도 보내달라는 교사의 말에 되도록 결석하지 않았다. 아이는 금세 적응했다. 바쁜 엄마가 되고 싶지 않다는 생각에 온 관심을 기울여 아이를 챙기려 했다. 유치원에서 있었던 일을 하나하나 귀 기울여 듣고 해결해줘야 할 것 같은 기분이 들었다. 바쁜 엄마가 아니라 다행이라는 생각이 들었지만, 반대로 의존적인 아이로 자라게 하는 건 아닐까 싶었다. 아이는 시간이 지나도 숙제도 준비물도 스스로 챙기는 일에 익숙하지 않았다. 가끔 실수로 수저 세트를 못 챙긴 날에는 엄마 탓이라며 투정을 부리는 날도 있었다. 내가 받고 싶었던 챙김의 사랑을 주며 스스로 좋은 엄마라고 만족한 부분이 있었다. 아이와 나는 다르다. 아이를 향한 사랑의 의미를 다시 생각해보는 계기가 되었다.

# 평범한 육아란
# 없다

"비교하는 순간 행복은 멀어진다. 아이를 있는 그대로 바라볼
때 비로소 마음이 편안해진다."

- 『엄마의 말 공부』, 이임숙

우리나라는 평균에 익숙하다. '보통 얼마나' 하는지 묻는
다. 어제 꽃다발을 사러 가서 물은 내 질문도 그랬다. 잘 몰
라서 묻기도 하지만, 어느 정도가 적당한지 가늠이 안 될 때
도 타인의 기준을 먼저 찾는다. 내 생각을 드러내기 전 다른
이들의 기준을 살피는 것이다. 남들보다 과하거나 부족해서
손해 보지 않으려는 마음도 섞여 있다. 내 이상형 또한 평범
한 사람이었다. 부모님도 늘 평범한 사람 만나 행복하게 살

면 된다고 말씀하셨다. 하지만 부모가 되어보니 그 평범함의 문턱이 얼마나 높은지 웃음이 난다. 평범함이라는 잣대로 결점 없는 완벽함을 바랐던 것은 아닐까. 욕심과 비교, 육아도 다르지 않았다.

육아를 시작하며 아기를 키우는 여러 지인을 만났다. 연락이 뜸했던 친구와도 육아라는 공통분모 덕에 안부를 주고받았다. 조리원 동기, 문화센터, 유치원 등 모두 엄마라는 이름으로 이어진 사이다. 나이는 상관없었다. 아이가 몇 개월인지 묻는 단순한 질문 하나로 대화는 자연스럽게 이어졌다. 어느 산부인과에서 출산했는지, 어떤 분유를 먹이는지, 쪽쪽이는 무는지, 뒤집기는 했는지…. 이야기는 끝이 없었다. 처음 만난 사이인데도 어색하지 않았다. 출산 후 겪는 손목 통증이나 수술 자국 같은 아픔을 공유하며 위로를 얻기도 했다. 마음이 맞는 이들과 나들이도 갔다. 아이를 데려가기 적당한 곳인지 주차장부터 잔디밭, 아기 의자, 기저귀 갈이대 유무까지 꼼꼼히 확인했다. 날씨 좋은 날 잔디밭 카페에 앉아 바깥바람을 맞으며, 아장아장 걷는 아이를 뒤따라 걸으며 대화를 이어갔다. 육아 동지들에게 던진 수많은 질문은, 우리 아이가 과연 잘 크고 있는지 확인받고 싶은 마음이었다.

모든 게 처음이라 어려웠다. 잘 키우고 싶은 마음과 달리 잠은 늘 부족했고, 상황은 뜻대로 흘러가지 않았다. 조리원은 천국이라는 말에 전혀 공감하지 못했다. 아물지 않은 제왕절개 수술 부위의 통증에 매일 괴로웠다. 앉고 서는 동작 하나가 왜 이렇게 힘들고 아픈지. 조리원에서도 산부인과의 처방을 받아 하루 3번씩 진통제 주사를 맞았다. 끼니마다 나오는 식사와 간식 쟁반을 옮기는 일조차 힘겨웠다. 하지만 조리원 퇴소 후 집으로 돌아와 보니 누가 차려주는 밥상이 얼마나 큰 행복이었는지 뒤늦게 알았다. 아기 침대에 누운 아이를 보며 하나부터 열까지 다 묻고 싶었지만, 편하게 물어볼 사람이 생각나지 않았다. 산후 도우미는 주말이 지나야 온다고 했다. 하루를 어떻게 버텨야 할지 겁부터 났다. 나보다 먼저 아이를 낳은 친구를 찾아 연락했다. 연락을 자주 하는 친한 친구도 아니었는데 궁금한 게 생길 때마다 물었다. 걱정하는 내 마음과 달리, 괜찮다고 말해주는 친구가 고마웠다. 방법을 가르쳐줘도 몇 번을 되물어야 이해가 갔다. 미리 공부하지 못한 내가 준비되지 않은 엄마 같고, 평범함에도 미치지 못하는 엄마 같았다.

아기가 잘 잤으면 했다. 신생아 시절 아이는 한두 시간, 길어야 네 시간마다 깨서 울었다. 젖몸살 통증에 세 시간마다 유축하고 젖병을 씻느라 잠은 늘 부족했다. 대여섯 시간씩 통잠을 잔다는 다른 집 아이 소식이 나에겐 놀라웠다. 아이가 왜 자꾸 깨는지 검색하다 수면 교육을 알게 되었다. 처음에는 울더라도 곧 스스로 잠드는 법을 배우게 된다고 했다. 아이에게 일정한 수면 루틴을 잡아주자고 마음먹었다. 조금만 울어도 안아주던 터라 반신반의했지만, 멀리 보면 서로에게 좋다는 말에 시도해보기로 했다. 아이를 침대에 눕혀 토닥토닥 두드려주고, 이제 잘 시간이라며 인사하고 방을 나왔다.

3분도 채 되지 않아 아이는 울기 시작했다. 울음소리가 더 커졌다. 울어도 곧장 들어가지 말라던 조언이 떠올랐지만 결국 방문을 열고 들어가 아이를 달랬다. 아이가 우는 5분이 한 시간처럼 느껴졌다. 수면 교육이 단번에 될 리 없겠지만, 숨이 넘어갈 듯 우는 아이를 보니 미안함이 몰려왔다. 눈 주위가 발갛게 부어 나를 바라보는 아이를 보니 두 번은 못 할 것 같았다. 성공했다는 엄마들의 후기 사이로, 나처럼 포기하고 더 많이 안아주겠다는 댓글들이 눈에 띄었다. 때 되면 알아서 잘 자고, 더 많이 안아주지 못해 아쉬운 날이 올 거라는 말이 반가웠다. 다행히 50일이 지날 무렵 아이는 거짓말처럼 6시간 이상씩 통잠을 자기 시작했다. 한 타임이라도 푹 자주니 훨씬 편했다. 초롱초롱한 눈으로 나를 바라보는 아이의 모습이 더 사랑스러웠다. 시간이 약이었다. 그렇게 아이와 나는 함께 자랐다.

한두 해가 지날 때마다 친구들의 출산 소식을 듣는다. 이제 나도 육아 경험이 있는 엄마가 되었다. 친구들은 내게 임신 출산에 대한 정보를 묻기도 한다. 누구든 처음에는 방법을 몰라 정보는 찾고 헤매는 게 당연하다. 하지만 아이는 어떤 기준이나 평균 수치에 맞춰 크는 존재가 아님을 경험으로 배웠다. 그러니 누구에게도 평범한 육아란 없다는 걸 말

　엄마의 오늘 시스템

해주고 싶다. 친구들에게 조언할 때도 이것이 정답은 아니라고 덧붙인다. 아이들은 저마다의 속도가 있다. 어떤 방식이 내 아이와 맞지 않는다고 해서 엄마나 아이 중 누구의 잘못도 아니다. 대학 시절 시험을 위해 외웠던 "아이마다 발달 속도는 다르다."라는 문장이 깊이 이해된다. 평범한 육아란 존재하지 않는다. 단지 나만의 육아관을 세워가는 고유한 과정이 아닐까. 육아에서 비교라는 단어를 지워낼 때, 나와 아이는 더 행복해질 수 있다.

# 육아하며
# 나를 키운 30분 독서

"습관은 삶의 원자와 같다. 작은 변화들이 모여 인생 전체를 바꾼다."

- 『아주 작은 습관의 힘』, 제임스 클리어

결혼 후 다시 책을 꺼낸 건 아이를 잘 키우고 싶은 마음 때문이었다. 인터넷 검색으로 얻는 경험 위주의 정보보다 명확한 사실을 바탕으로 육아를 이해하고 싶었다. 어떤 상황이 궁금하거나 고민이 생길 때면 검색으로 급한 불은 끌 수 있었지만, 시간이 지나도 '왜?'라는 근본적인 의문은 해결되지 않았다. 나만의 육아 방향을 찾고 싶었다.

육아하며 책 읽는 시간을 마련하기란 쉽지 않았다. 아이가 잠들면 습관적으로 스마트폰을 들여다보곤 했다. 스마트폰 속 장바구니는 늘 가득했다. 위메프, 티몬, 쿠팡 등 각종 쇼핑 앱의 특가 알림을 따라 아이 간식, 생활용품, 기저귀 등을 구경했다. 할인가로 나오면 당장 필요하지 않아도 바꿀 때가 되었는지 고민했다. 최저가를 찾아 사이트를 번갈아 보며 가격을 비교했다. 그러다 보면 어느새 장바구니 금액은 십만 원을 훌쩍 넘겼다. 사지 않으면 손해일 것 같은 물건들을 고르고 빼기를 반복하다가 어느덧 자정이 되곤 했다. 다음 날 일찍 일어날 아이를 생각하며 서둘러 잠을 청했다. 며칠 뒤 주문한 물품들이 도착했다. 택배 상자들은 현관 앞에 반나절, 길게는 이틀씩 그대로 자리해 있곤 했다. 상자가 쌓인 날에는 내가 무얼 시켰는지 기억조차 나지 않았다. 당장 급하지 않은 물건을 주문했다. 습관적으로 핸드폰을 들여다보는 걸 알면서도 잘 고쳐지지 않았다. 그 습관이 물건을 산 만큼 기쁨이나 편의를 가져다주는 건 아니었다. 장바구니를 채우며 고민하는 시간이 아까웠다. 매일 이어지는 지출에 마음도 편치 않았다. 현관에 가득한 택배 상자를 볼 때면 괜히 눈치가 보였다. 아이가 잠든 후 필요한 게 뭐가 있는지 자꾸만 생각하며 결제 버튼을 누르던 나였다.

핸드폰을 들여다보는 대신 다른 시간으로 보내야겠다고 마음먹었다. 일단 잠자리에서 핸드폰을 멀리했다. 입버릇처럼 말하던 부족한 잠을 챙기기로 했다. 불필요한 쇼핑을 미루자 지출도 자연스레 줄었다. 장바구니에 있는 물품 결제를 내일, 모레로 미루는 것만으로 도움이 되었다. 아이가 자는 시간에 핸드폰을 보는 대신 책을 읽기로 다짐했다. 아이와 함께 일찍 잠들지 않은 날이면, 딱 30분만 읽자는 마음으로 시작했다. 페이지 수보다 독서 시간 자체에 목표를 두었다.

핸드폰 보는 대신 독서로 시간을 보내는 스스로가 꽤 마음에 들었다. 한 문장 한 문장 천천히 읽으며 생각하기를 즐겼다. 다음 내용이 궁금해 취침 시간이 늦어질 때도 있었지만, 잠자기 전 책을 읽고 난 뒤의 만족감은 독서를 지속할 충분한 동기가 되었다. 그러던 중 『미라클 모닝』이라는 책을 만난 건 행운이었다. 새벽에 일어나 자기 계발 시간을 갖는 법을 배우며 새로운 도전을 시작했다. 책에서는 중요하지만 급하지 않은 일에 집중하라고 했고, 나는 '깊이 있는 독서'를 선택했다.

　핸드폰 알람을 오전 5시에 맞추었다. 이틀 만에 일찍 일어나기에 성공했다. 깜깜한 새벽에 일어난 건 어릴 적 엄마를 따라 목욕탕에 가던 이후 처음이었다. 이렇게까지 하는 게 맞는지 의구심이 들었지만, 일단 책을 들고 소파에 앉았다. 새벽 6시, 항상 곁에서 자던 엄마가 없는 걸 알고 아이가 깨어 거실로 나왔다. 몇 장 읽지도 못하고 다시 들어가 잔 날도 있었다. 그런 날이면 오히려 피곤한 하루가 되었지만, 새벽의 고요한 적막함이 점점 마음에 들었다. 새벽에 시작한 독서는 낮 독서로 이어졌다. 왠지 모를 끌림에 읽게 된 자기 계발서 한 권이 무언가에 도전하고 싶은 마음을 깨워주었다. 독서를 이어가며 새로운 습관도 만들기 위해 노력했다. 첫째, 천천히 정독했다. 페이지보다 한 문장을 멈추어 생각하는 시간을 즐겼다. 생각은 가지를 뻗어나갔다. 책에 나온 내용을 내 일상에 어떻게 적용할지 고민했다. 둘째, 기록을 시작했다. 예전부터 다이어리 쓰기를 좋아했던 터라, 기억하고 싶은 문장을 정성껏 적고 내 생각을 덧붙였다. 셋째, 연관된 책을 이어 읽었다. 책 속에 소개된 다른 책을 찾아 읽으며 세계를 확장했다. 목차를 확인하며 필요한 부분부터 읽는 여유도 생겼다. 일상에 독서 시간은 점점 늘어났고, 이는 아이와의 일상으로도 이어졌다. 잠자리에서 책 읽어주기에 진심인 엄마가 되었고, 아이에게 책 읽는 엄마의 모습을 자주 보여줄 수 있었다. 내가 읽었던 책 내용을 아이에게 이야기해주며 지식을 조금씩 내 것으로 만들었다.

육아에 지쳐 내 시간이 없다고 느껴질 때 필요한 건 자신을 되돌아보는 일이었다. 하루를 되돌아보며 고치고 싶은 한 가지인 핸드폰 덜 보기를 선택했고, 그 빈자리에 독서라는 씨앗을 심었다. 그 씨앗은 일상에 새로운 영역을 만들었다. 아이에 대한 나의 태도도 변해갔다. 늦게까지 핸드폰을 보지 않으니 자연스레 잠드는 시간도 빨라졌고, 다음 날 아이에게 더 활기찬 모습을 보여줄 수 있었다. 삶을 불편하게 만드는 습관을 찾아내고 그 자리에 좋은 습관을 채워 넣는다. 좋은 행동은 또 다른 좋은 것을 끌어당긴다. 30분 독서는 그렇게 나만의 작지만 단단한 성장 시스템이 되었다.

# 쏟아내고 비워낸
# 자리에 평온이

"감정은 통제의 대상이 아니라 이해의 대상이다."

- 『미움받을 용기』, 기시미 이치로, 고가 후미타케

좋으면 좋다, 싫으면 싫다고 말하는 사람이 부러웠다. 거절하는 일에 익숙하지 않았고, 상대의 농담에는 그저 멋쩍은 웃음으로만 넘기곤 했다. 화가 나면 마음을 말로 표현하기보다 상대가 먼저 알아주길 원했다. 대화 대신 침묵을 선택하는 날이 많았다. 달래주는 마음에 화가 풀리는 것이 나의 문제 해결 방식이곤 했다. 고마운 마음도 다르지 않았다. 다정한 말 대신 툭 던지는 짧은 표현이 전부였다. 딸에겐 부드러운 언어로 표현하기 쉬웠지만, 남편에겐 말하지 않아도 다

알거라 믿었다. 주변 사람들은 화를 잘 내지 않는 나를 보며 신기해하고, 부부싸움 한 번 안 할 것 같다고 말했다. 남편과 갈등이 자주 일어나는 편은 아니었지만, 침묵이 시작되면 그날의 집은 무척 깨끗해졌다. 청소는 각자 마음을 다스리는 방식이자 미안한 마음의 표현이었다. 이 물건 버려도 되냐는 물음에 침묵이 깨졌다. 싸움은 늘 침묵으로 시작해 청소로 끝났다.

표현에 서툴렀던 탓에 청소 시간으로는 해결되지 않는 마음이 쌓여갔다. 오로지 내 기준으로 상대의 마음을 짐작하고 판단했다. 오해와 원망, 편견 섞인 불편한 감정을 가장 먼저 느끼는 사람은 나였다. 제대로 표현하지 못한 마음은 어느 순간 불쑥 아이에게 남편에게 튀어 나갔다. 평소 화를 잘 내지 않았다가도 참을 만큼 참았다는 듯 날 선 감정을 드러내기도 했다. 화낼 일이 아닌데도 울컥 감정이 올라오기도 했다. 그때의 나는 마음이 온전치 못한 듯싶다. 아이에게 화를 냈다는 사실 자체로 죄책감이 들었다. 부정적인 감정은 내 안에서 돌고 돌아 쌓였다.

해결책을 찾고 싶은 마음에 감정에 대해 공부했다. 감정은 인간 생존을 위한 본능이라는 말에 인간으로서의 나를 이해할 수 있었다. 긍정적인 감정만큼이나 부정적인 감정도 살아가는 데 필요한 것이었다. 그동안 부정적인 감정을 느끼는 일은 좋지 않다고 무의식적으로 생각하고 있었다. 그냥 시간이 지나면 사라지는 거라고, 시간이 해결해 주리라 생각했다. 마음속의 이야기들을 제대로 들여다보지 않고 살았다.

종이에 생각을 적는 것만으로 도움이 된다고 했다. 내 감정을 드러내 인식하는 가장 쉬운 방법이었다. 무작정 펜을 들고 빈 종이를 꺼내 머릿속에 떠오르는 마음을 두서없이 적었다. 형식도 틀도 없는, 오로지 나만을 위한 일기였다. 누군가에게 속을 털어놓듯 적었다. 화가 나는 날이면 빼곡히 채워진 종이가 들끓는 마음을 대신 보여주는 듯했다. 집안일이나 육아에 지친 날에도 곧장 방으로 들어가 글을 썼다. 한 장씩 늘어갈 때마다 내 마음에 이토록 많은 이야기가 담겨 있었다는 사실에 놀랐다. 며칠 쓰고 말 줄 알았던 기록은 며칠 만에 에이포 용지 스무 장을 넘겼다. 떠오르는 생각의 속도를 따라가지 못해 글씨는 엉망이었지만, 서운함과 분노를 종이 위에 쏟아내고 나면 마음은 한결 가벼워졌다. 노트를 만들고 '감정 노트'라는 이름을 붙였다.

감정 노트를 적는 데에는 나름의 방법이 생겼다. 어떤 마음이든 느껴지는 즉시 적는 것이다. 설거지하다가도 고무장갑을 벗었고, 청소기를 돌리다가도 멈추고 방으로 들어가 적었다. 밖에서는 핸드폰에 메모했다. 떠오르는 감정을 일단 밖으로 꺼내 버리는 게 중요했다. 글씨가 비뚤어져도 상관없었다. 기록하다 보니 어느 날은 잊고 있던 어린 시절의 기억이 불쑥 떠올라 힘들 때도 있었다. 내가 바꿀 수 없는 외부 환경 탓을 하고, 선택을 후회하며 눈물을 흘리기도 했다. 문자로 감정을 덜어낼수록 그동안 얼마나 내 감정을 뒤로한 채 살았는지 알아차릴 수 있었다. 뇌는 생물학적으로 긍정적인 감정보다 부정적인 감정을 더 오래 보관한다고 한다. 해소되지 못한 감정이 쌓여 나를 갉아먹고 있었음을 몸소 느꼈다.

감정 노트를 쓴 지 두 달이 넘었다. 갈겨 쓴 첫 페이지와 달리 차분해진 글씨체처럼 나에게도 세 가지 변화가 찾아왔다. 첫째, 내 감정을 객관적으로 바라보게 되었다. 종이에 적고 보니 그렇게까지 화를 내거나 걱정할 일이 아니었다. 둘째, 불안이 줄었다. 불안은 눈에 보이지 않은 불확실한 것으로 시작한다고 한다. 보이지 않던 내 마음을 종이 위에 적어 선명하게 볼 수 있었다. 셋째, 부정적인 감정이 타인을 향하지 않게 되었다. 감정이 쌓이기 전 미리 종이에 덜어낸 덕분에 누군가를 향한 부정적인 감정 에너지가 줄었다.

그렇게 3개월이 지났다. 신기하게도 분노에 가득한 메모는 조금씩 기분 좋은 일로 채워졌다. 부정적인 마음이 적힌 종이를 보며 내가 어떤 때 화가 나는지, 어떤 식으로 해결해 왔는지를 알 수 있었다. 그리고 종이에는 감사한 일과 기대되는 일까지 적기 시작했다. 더 나은 사람이 되어가고 있다는 확신이 들었다. 누구에게나 부정적인 감정이 자신을 괴롭히는 순간이 있다. 하지만 비우고 쏟아내는 방법을 알게 된 이제는 어떤 부정적인 감정도 두렵지 않다. 비워야 비로소 좋은 것을 담을 수 있다. 나의 감정 일기는 더 아름다운 것들을

  엄마의 오늘 시스템

채워가는 과정이다.

# 자연에서
# 걷는 시간

"자연 속에서 걷는 것은 수천 권의 책을 읽는 것과 같다."

- 『자연으로부터 배운다』, 존 뮤어

누구나 편안한 마음을 느끼는 장소가 있다. 나에겐 언제나 그 자리에 있는 나무와 숲이 그렇다. 동네 도서관 뒤편에는 빌라와 주택 사이로 우거진 숲이 있다. 높은 산은 아니지만, 백 미터쯤 되는 오르막 계단을 오르면 금세 숨이 찬다. 운동 기구가 놓인 산 중턱에 닿아 가쁜 숨을 고르며 나무 사이 길을 걷는다. 산책길을 따라 걷는 것도 좋지만, 생각이 많거나 혼자만의 여유를 즐기고 싶을 때는 폭신한 흙을 밟는다. 하늘 위로 곧게 뻗은 나무를 보는 것만으로 좋았다. 언제 찾아와도 굳건히 그 자리에 있는 모습은 나에게 안정감을 준다. 문득 누군가가 나를 떠날지도 모른다는 불안이 들 때가 있었다. 다섯 살 무렵, 버스를 타고 시내에 가는 엄마를 따라가겠다고 울던 기억이 선명하다. 엄마는 집에 가서 외투를 가지고 오라며 나를 되돌려 보냈고, 버스는 늘 그렇게 떠났다. 나무는 어쩌면 내가 느끼고 싶었던 안정감을 느끼게 해주는 존재일까?

어린 시절 내 일상은 자연과 맞닿아 있었다. 부모님이 운영하던 식당 뒤편의 작은 개울과 풀밭은 오빠와 나의 놀이터였다. 봄이면 주방에서 쓰던 큰 뜰채를 몰래 가지고 개울로 내려갔다. 수풀이 우거진 곳에 뜰채를 넣었다 들어 올리면 작은 물고기 서너 마리가 파닥거렸다. 얼굴에 수염이 죽 늘어진 작은 메기가 잡히는 날엔 행운을 건져 올린 기분이었다. 맨손으로 잡지는 못해도 작은 바위 밑에 손가락을 넣으면 물고기가 슥 스치는 감각이 신선했다. 잠자리채를 들고 풀밭으로 가서는 머리 위로 날아다니는 잠자리를 잡으며 놀았다.

선선한 바람이 불던 초등학교 2학년 가을, 식당 옆 넓은 들 판에는 해바라기가 무리 지어 피어 있었다. 누가 더 큰지 대결이라도 하듯 하늘을 향해 활짝 피었다. 꽃망울이 유난히 큰 해바라기를 여전히 좋아한다. 꽃밭 사이에는 내 키의 반정도 되는 작은 해바라기도 있었다. 덜 피어 꽃잎을 오므린 선명한 노란빛이 참 예뻤다. 나만의 해바라기를 키워보고 싶어 아빠의 꽃삽을 찾아 챙겼다. 아기 해바라기 하나를 골라 뿌리가 상하지 않게 조심스레 땅을 팠다. 꼿꼿한 줄기를 손에 들고 식당 주변 모래밭으로 옮겨 심었다.

"내가 더 잘 자라게 해줄게."

정성스레 꽃을 심고 빨간 플라스틱 바가지에 물을 가득 담아왔다. 손바닥에 물을 묻혀 해바라기 잎을 한 장 한 장 정성껏 닦아주었다. 잘 자라라는 나만의 정성이었다. 학교가 끝나면 매일 그곳을 찾아 따뜻한 말을 건넸다. 며칠 뒤, 꽃망울을 꽃잎을 활짝 열었다.


얼마 뒤 뉴스에서 태풍 소식이 들렸다. 엄마는 식당 뒤 가스통까지 바람에 굴러가지 않게 철끈으로 단단히 묶으셨다.

　엄마의 오늘 시스템

밤새 쏟아진 비로 식당 뒤편 개울에는 황토색 물이 넘실거리며 빠르게 흘렀다. 어린 해바라기가 걱정되었다. 거센 비바람이 지나간 아침, 학교에 다녀오자마자 해바라기가 있는 곳을 찾았다. 줄기가 반으로 뚝 부러져 있었다. 활짝 피었던 꽃은 힘없이 고개를 떨구고 있었다. 부러진 줄기를 세워보려 애썼지만, 손을 놓으면 다시 툭 하고 고꾸라졌다. 나는 다시 물을 떠 와 아픈 아이를 보살피듯 잎을 한 장씩 닦았다. 괜히 나 때문에 죽은 것 같아 마음이 아팠다. 부러진 줄기는 되살아나지 못했지만, 매일 그곳을 찾았다. 영글어지지 않은 꽃씨를 담아 다시 해바라기 밭에 뿌려주었다.

　자연과 나누는 편안한 즐거움은 어른이 되어서도 여전하다. 집 근처에는 푸른 산책길이 있어 사계절을 가까이서 즐길 수 있음에 감사한다. 아이를 등원시킨 후 매일 산책로를 걸었다. 초록 잎 사이로 보일 듯 말 듯 반짝이는 파란 하늘과 햇살이 좋다. 다정하게 손을 잡고 걷는 노부부의 모습에서 따뜻한 행복이 전해진다. 걷다 보면 사람들의 다양한 표정이 눈에 들어오기도 한다. 깊은 생각에 잠긴 얼굴, 생기 돋는 얼굴들 속에서 내 모습도 되돌아보게 된다. 걷는 동안에는 반짝이는 아이디어가 스쳐 지나가기도 하고, 시간이 흘러야 비로소 이해되는 일들이 훨씬 많다는 것도 느꼈다. 좋은 생각들을 메모하고 돌아오는 길에는 오늘 하루를 어떻게 살아갈지 머릿속으로 계획을 세우고 정리했다.

몸과 마음이 분주할 때면 자연 속을 걷는 일이 나에게 휴식이 된다. 어릴 적 자연과 함께한 소중한 기억들이 내 안에 자리 잡은 덕분일 것이다. 자연이라는 편안한 공간에서 머무는 시간은 나라는 사람을 발견하게 한다. 느리게 걷는 시간, 자연과 호흡하며 걷는 시간은 언제나 옳다.

# 작은 도전으로 넓혀가는
# 나의 세상

"의존은 편안함을 주지만, 자율은 성장하게 한다."

- 『자기 결정 이론』, 에드워드 데시

무더운 여름, 39도가 넘게 열이 나는 아이를 데리고 급히 집을 나섰다. 가만히 있어도 땀이 흐르는 습하고 더운 날씨였다. 밤새 4시간 간격으로 해열제를 먹였다. 아이 열이 떨어지지 않는데 나만 잠들까 걱정되어 핸드폰 알람을 두 시간 간격으로 맞춰두고 쪽잠을 잤다. 처음 겪는 고열에 온 신경이 곤두선 밤이었다. 해열제를 두 타임이나 먹였는데도 다음 날도 어김없이 열이 났다. 기운 없이 축 쳐진 세 살 아이를 안고 택시를 타러 아파트 정문으로 향했다. 당시 카카오 택시는 탑승 지점을 정확히 인식하지 못한 때라 택시를 잡으러 단지 밖까지 걸었다. 그늘이라곤 전봇대 옆 눈부심만 겨우 피할 수 있는 틈뿐이었다. 기다리는 동안 아이가 열성경련이라도 일어날까 봐 가슴이 조마조마했다. 이마에 붙인 해열 패치 냉기는 뜨거운 열기에 금방 사라졌다.

"S야, 조금만 기다려. 괜찮을 거야."

아이에게 건넨 말은 나를 다독이는 말이었다.


드디어 택시가 도착했다. 타자마자 느껴지는 에어컨 바람에 안도하며 아이 머리 위로 손 부채질을 했다. 이마를 수시로 짚으며 열을 확인했다. 미리 병원에 다녀오지 못한 판단에 미안함이 몰려왔다. 일어나지 않은 일을 모두 예측할 수는 없지만, 일이 생기면 늘 후회가 뒤따랐다. 특히 아이와 관련된 일을 언제나 나를 자책하게 했다. 이미 지난 일이 탓해 봐야 달라지는 건 없었지만, 모든 게 나 때문이라는 생각에 휩싸였다. 아이가 이렇게 더운 날 아플 때 택시를 타고 병원에 가야 하는 내가 작게만 느껴졌다. 미리 운전을 배워 놓았다면 아이를 고생시키지 않았을 테다. 그동안 병원뿐만 아니

라 어디를 가야 할 때면 남편이 데리러 올 수 있는 시간에 일
정을 맞췄다. 고맙게도 남편은 한 번도 불편한 기색을 보이
지 않았지만, 시간이 지나 보니 공동 육아라는 명분으로 남
편의 수고를 당연하게 생각할 때가 많았다. 혼자 해결하기보
다 어떻게 도움을 받을 수 있는지에만 생각하며 살았다. 혼
자서 하는 일은 자꾸만 최악의 상황이 일어날 것만 같아 자
신이 없었다.

‘혹시 사고라도 나면 어떡하지?’

잘 해결할 수 있을지 용기가 부족했다. 두려움 때문에 시
도조차 피하던 나약한 엄마였다. 하지만 아이가 커갈수록 내
가 불편한 것보다 나 때문에 아이가 고생하는 것 같아 마음
이 무거웠다.


그러던 어느 날, 자주 방문하던 맘 카페에 운전 연수 문의
글이 올라왔다. 10시간 연수에 35만 원. 강사님 덕분에 장롱
면허를 탈출했다는 댓글이 달려 있었다. 아이 병원이나 문화
센터를 갈 때마다 불편했는데 이제는 자유롭다는 후기에 마
음이 움직였다. 육아에서 운전은 필수라는 말에 깊이 공감했

다. 당시 수입이 없던 나에게 35만 원은 적지 않은 금액이라 남편에게 말을 꺼내기가 어려웠다. 하지만 운전을 할 수 있다는 상상을 하니 제일 먼저 떠오르는 건 50분 거리에 있는 친정집이었다. 남편 없이도 아이와 편하게 오갈 수 있다는 사실이 좋았다. 그동안은 남편 회사가 쉬는 날에만 갈 수 있어서 함께 움직여야만 했다. 용기를 내 모아 둔 용돈으로 운전 수업을 받기로 결심했다.

드디어 연수 당일, 남편에게 아이를 맡기고 집을 나섰다. 무언가를 배우러 가는 긴장과 설렘이 얼마나 오랜만인지. 시동 걸기부터 엑셀과 브레이크 조작법, 도로 주행까지 기초부터 다시 배웠다. 긴장으로 축축해진 손으로 운전대를 꽉 잡고 강사님의 말 한마디에 집중했다. 무언가를 배우는 즐거움이 나를 행복하게 했다. 운전에 소질 있다는 칭찬까지 받으니, 그동안 왜 별일 아닌 걱정으로 시도를 미뤄왔는지 부끄러웠다. 연수 10시간 만에 나는 이전보다 훨씬 단단한 엄마가 된 기분이었다. 고속도로를 달리고 주차에 능숙해지기까지 시간이 필요했지만, 그리 어려운 일은 아니었다.

   엄마의 오늘 시스템

장롱 면허 탈출 한 달째, 아이를 카시트에 태우고 40분 거리의 친정으로 향했다. 밖에서 일하던 엄마는 우리를 보고 두 눈이 휘둥그레졌다.

"어떻게 둘이 온 거야?"

깜짝 놀란 엄마는 조심해야 한다는 말을 되풀이했다. 그러면서도 우리 딸 대견하다며 집으로 돌아와 며칠이 지나도 엄마는 그날 기분이 너무 좋았다며 여러 번 말했다. 이제 딸이랑 둘이 여행도 갈 수 있겠다는 엄마의 말이 듣기 좋았다.

누군가에게 부탁할 고민만 하던 시간은 내 성장에 장애물이었다. 그것은 누군가에게 기대고 싶어 하는 의존하는 마음이었다. 운전 하나 시작했을 뿐인데, 스스로 선택하고 움직일 수 있는 영역이 넓어졌다. 우물 안에서 나온 듯한 자유를 느꼈다. 육아에도 여유가 생겼다. 아이가 아프면 언제든 병원에 데려갈 수 있고, 장거리 운전할 때면 남편을 도울 수도 있게 되었다. 누군가에게 운전은 아주 작은 일이다. 하지만 나에게는 나를 가두고 있던 두려움의 벽을 허물고, 나아갈 수 있었던 시작이 되었다. 지금도 새로운 선택 앞에 설 때면 두려움으로 회피하거나 의지하려는 마음은 없는지 스스로 되돌아본다. 내가 할 수 있는 일을 늘려가며 세상을 넓히는 일, 그것이 바로 내가 이어가는 성장의 행복이다.

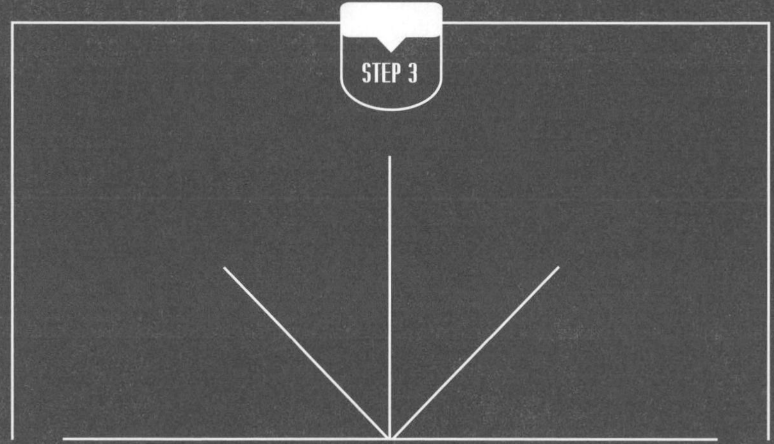


# 좌충우돌
# 육아하며 일하며

무너지지 않는 일상의 규칙

# 감정을
# 허락하는 연습

세상을 살아가는 데 정답이 없는 것처럼 내가 느끼는 모든 감정에도 옳고 그름은 없다. 경험에 따라 느끼는 결이 모두 다르기 때문이다. 되돌아보니 나에게 필요하지 않은 감정은 없었다. 감정은 인간 생존을 위한 본능이자, 웃고 싶을 때 웃고 울고 싶을 때 마음껏 표현할 수 있는 건 축복이었다.

어릴 적 밥상 앞에서 엄마와 눈이 마주쳐 웃음이 터진 적이 있었다. 특별히 재미있는 대화를 나누던 상황도 아니었지만, 한번 터진 웃음은 멈추기 힘들었다. 감정 표현에 서툴렀던 나는 자유롭게 감정을 드러내기보다 상황에 맞춰 눈치를 보며 표현할 뿐이었다. 작은 일에도 울컥 눈물이 나는 날도 많았다. 들키지 않으려 빨개진 눈을 비비며 애쓰던 어린 날의 모습도 떠오른다.

"왜 그런 일로 우느냐?"며 되레 혼이 날 때도 많았다. 어른들은 우는 이유를 물었지만, 정작 이유를 제대로 말해본 기억은 없다. 지금 생각해도 특별한 사건은 없었다. 그저 울면 나쁜 아이, 울면 안 되는 아이라고 생각했다. 울음이 터지려하면 참는 것부터 배우는 아이. 나는 우는 것이 곧 약함의 증거라고 배웠다. 울고 싶지 않았지만 차오르는 눈물은 어쩔수 없었고, 그런 자신을 자책하기도 했다. 어린 시절 학교 친구들과의 관계도 서투를 수밖에 없었다. 친구가 나에게 장난을 걸어오면 어떤 반응을 보여야 할지 몰랐고, 거절하는 것은 더 어려웠다. 싫은 만큼 표현하지 못했다. 집으로 돌아가부모님에게 털어놓아 보려 해도 왜 당당하게 이야기하지 못했냐며 핀잔을 듣게 될까 봐 혼자 참는 것이 편했다.


한 아이의 엄마가 된 지금, 무엇보다 감정에 귀 기울여주는 엄마가 되고 싶어 공부했다. 교육업에 종사하며 감정을 자유롭게 드러내지 못하는 아이들을 마주하기도 한다. 감정을 편하게 말하기보다 정답을 말해야 한다는 긴장감에 사로잡힌 아이들, 갑자기 분노를 터뜨리거나 비난받는 아이들 모두 감정의 해소와 연관이 있다. 특히 아이들은 성장 과정에서 '경중자기'를 형성한다. 스스로 판단하기에 앞서 양육자 등 타인이 나를 어떻게 대하고 반응하느냐에 따라 자신의 존재 가치를 인식하는 것이다. 아이가 느끼는 감정을 알아차리고 표현할 수 있도록 돕는 일은 부모이자 어른으로서 도와야 하는 중요한 임무였다. 외국의 경우 감정에 대한 수업을 필수 교과목 시간으로 정해두기도 한다. 우리가 느끼는 감정은 표현 방식에 따라 무수히 많아진다. 좋다거나 싫다 같은 단순한 표현에서 벗어나, 감정마다 고유한 이름을 달아주고 세밀하게 표현하는 연습이 필요하다. 나 역시 내 감정에 귀를 기울이기 시작했을 때 비로소 나를 객관적으로 바라볼 수 있는 힘이 생겼다.

어느 날, 친정집에서 가족들과 저녁을 먹을 때였다. 잠결에 일어난 아이가 울음을 터뜨렸다. 나는 아이가 진정되기를 기다리고, 식사를 이어갔다. 그때 곁에 있던 아빠가 아이에게 말했다.

"울면 안 돼. 울면 바보야. 바보같이 왜 울어. 울면 안 되는 거야."

그 말을 듣는 순간 내 얼굴이 화끈 달아올랐다. 감정을 억눌러야 했던 어릴 적 내 모습이 울고 있는 아이에게 투영되었다. 마음속에 꾹 눌러왔던 화가 불쑥 치밀었다.

'왜 울면 안 되는 거지?'

마음속에 불만을 누른 채 눈이 빨개진 아이의 등을 쓸어내리며 달랬다. 어린 시절 받지 못한 감정의 인정은 어른이 되어서도 쉽게 해소되지 않는다는 것을 느꼈다. 감정의 자유가 얼마나 중요한지 다시금 깨달았다.


시간이 진 뒤 아빠의 말속에 담긴 진심을 들여다보았다. 아빠 역시 감정의 옳고, 그름을 따지려던 게 아니었다. 아이를 위로하고 달래주고 싶어 건넨 서툰 표현이었음을 이해했다. 내 감정을 객관적으로 바라볼 수 있게 된 덕분에 가능한 이해였다. 아이가 울음을 그친 뒤, 나는 아이와 눈을 맞추며 대화를 나눴다.

"S야, 우는 건 나쁜 게 아니야. 괜찮아. 눈물이 나올 때는 울어도 돼. 그러고 나면 마음이 한결 나아질 수 있어. 할아버지는 우리 S가 우는 게 속상해서 위로해주고 싶으셨나 봐."

어떤 감정도 틀리지 않다고 믿는다. 누군가 눈물을 보일 때면 마음껏 울어도 괜찮다고 말해준다. 쌓인 감정을 제대 꺼내지 않으면 그것은 언제가 원치 않는 방식으로 터져 나오기 마련이다. 이제 힘든 마음을 숨기기보다 내가 느끼는 모든 감정을 다양한 방식으로 비우고 받아들이며 살아간다. 그것이 가장 나다운 상태이며, 나를 인정하고 사랑하는 길인 걸 알기 때문이다. 나에겐 더 이상 나쁜 감정이란 없다.

# 관계의 중심을
# 나에게로

아이를 키우며 새로운 인간관계가 생겼다. 육아라는 공통
분모가 있으면 초면이라도 마치 몇 번 본 사이처럼 대화가
잘 통했다.

"몇 개월이에요? 어디 어린이집 다니고 있어요?"

서로 질문을 주고받으며 대화를 이어간다. 개월 수가 비슷
하거나 말이 잘 통하면 동지를 만난 듯 반가웠다. 그렇게 친
해지면 각자의 집으로 초대해 시간을 보내고 힘든 속마음을
나누기도 했다. 하지만 서로를 잘 알기도 전에 가까워진 관
계는 때로 원치 않은 불편함을 남기기도 했다. 집에 돌아와
서는 괜한 말을 꺼낸 건 아닌지 후회가 되기도 하고, 상대가
무심코 던진 말이 마음에 남기도 했다. 새로 만든 단체 대화

방에서 일상을 공유하다 보면 자연스레 서로의 일상을 비교
하게 되었다. 아이들이 함께 잘 노는 모습이 보기 좋아 만남
을 지속하기도 했다. 그러나 관계가 깊어질수록 육아 가치
관이나 배려의 방식, 생각의 차이가 선명해졌다. 무언가 보
이지 않은 거리감이 생겨났고, 관계를 유지해야 한다는 책임
감이 부담으로 바뀌었다. 연락을 주고받으며 소모되는 에너
지도 시간이 갈수록 만만치 않았다. 육아라는 이름으로 모인
대화방은 지극히 개인적인 일상까지 공유하게 되는 공간이
기도 했다.

아이가 세 살이 되던 해, 책을 가까이하며 자기 계발에 몰
두하기 시작했다. 그제야 내 삶보다 타인과의 관계에 지나치
게 에너지를 쓰며 살았음을 깨달았다. 내가 잘해주는 만큼
상대도 나를 위할 거라 믿었지만, 반은 맞고 반은 틀린 생각
이었다. 문제는 내가 가진 에너지보다 더 큰 마음을 쓰는 데
있었다. 사실 내 안에는 타인에게 인정받고 싶은 욕구가 자
리 잡고 있었다. 엄마들 모임에서 느꼈던 불편함 역시 상대
의 잘못이라기보다 내 기준에 맞지 않으면 공감할 수 없다고

성급히 판단했다. 육아라는 공통으로 시작된 관계는 시간이 흐르며 보이지 않은 선이 그어졌다. 이제는 가끔 우연히 만나면 반갑게 인사를 나누는, 딱 그만큼의 건강한 거리를 둔 사이가 되었다.

관계의 틀을 지키려 애쓰지 않아도 된다는 조언은 언제나 정답이었다. 어디에선가 들어본 말이지만 실제 내 삶에 적용하기는 쉽지 않았다. 서로 다른 가치를 가진 사람들을 있는 그대로 이해하고 나와 분리하는 혜안이 내게는 부족했기 때문이다. 그래서 나는 같은 방향을 바라보는 사람들 곁에 머물며 배우기로 했다. 그래야 내 삶이 좋은 영향을 받으며 성장할 수 있다고 믿었다. 엄마로서 아이의 일상에 온 관심을 기울이는 것도 중요하지만, 조금씩 내 삶의 중심을 잡으며 단단한 엄마가 되고 싶었다. 그것이 내 마음을 가장 편안하게 만드는 길이었다. 엄마들과의 관계를 잘 유지해야 한다는 부담에서 벗어날 충분한 이유가 되었다.

우연히 『내가 엄마들 모임에 안 나가는 이유』라는 책을 읽었다. 인스타그램에서 '강빈맘'이라는 이름으로 활동하는 저자는 관계 속에서 힘들어하는 엄마들에게 진심 어린 조언을 전한다. 엄마라는 자리를 지키면서도 나 자신을 되돌아보고, 무엇이 더 중요한지 일깨워주는 내용이었다. 나 역시 작가의 말처럼 타인과의 교류에 쓰는 에너지를 줄이는 대신 내 삶을 주체적으로 꾸려가는 데 집중하기로 마음먹었다.

> "인간관계의 국룰은 기대가 있으면 반드시 실망이 뒤따른다. 아이들은 엄마들이 친하다고 친하게 지내지 않는다."
>
> - 『내가 엄마들 모임에 안 나가는 이유』, 강빈맘

아이가 어릴 때 놀이터에 갔던 기억을 떠올려본다. 엄마들에게 먼저 말을 건네곤 했다. 무언가 친해져야 할 것 같은 기분이 들었다. 유치원엔 다녀온 아이가 어떤 친구와 키즈카페 가고 싶다고 말하면 그 바람을 들어주려 애썼다. 아이가 좋아하는 친구를 만나게 해주려고 전화번호를 묻거나 약속을 잡았다. 하지만 이제는 인위적으로 만들어진 관계가 아이에게 필요치 않음을 안다. 유치원이라는 공동체 속에서 아이

스스로 부딪히며 성장해야 할 몫이 있기 때문이다. 엄마가 이어준 관계가 아이의 사회성에 결정적인 도움이 된다고 믿지 않는다.

사람은 관계를 통해 살아간다. 그렇기에 그 속에서 나만의 중심을 잡는 일이 무엇보다 중요하다. 타인의 말에 쉽게 감정이 휘둘리거나 불편함을 느낀다면 상대를 탓하기 전에 내 마음을 먼저 들여다봐야 한다. 관계에 대한 내면의 욕구를 알아차리는 것만으로도 불필요한 곳에 에너지를 쏟지 않을 수 있다. 건강한 관계는 내 중심이 바로 설 때 시작된다. 나아가 내가 중요하게 여기는 삶의 방향을 공유하며 함께 나아갈 동료를 만날 수 있다면 더없이 좋을 것이다. 육아 중심의 관계보다 내 삶을 먼저 바로 세우는 엄마로 배움을 멈추지 않으며 살아갈 것이다.

# 무기력 극복,
# 나를 다시 일으키는 시간

한참을 망설이다 글을 쓴다. 어디서부터 어떻게 이야기를 꺼내야 할지 막막했기 때문이다. 무기력이 언제 어떻게 찾아왔는지는 기억나지 않는다. 노을이 지고 캄캄한 저녁이 찾아오듯 일상에 스며들었다. 무엇이든 전조 증상이 따른다고 한다. 살아온 날들은 얼굴에서 드러나고, 건강 습관은 체형에서 말해주듯이 모든 일은 그와 연결된 고리가 있기 마련이다. 내 무기력도 그랬을 것이다. 무기력이란 어떠한 일을 감당할 기운과 힘이 없는 상태를 말한다. 1장에서 언급한 세 번째 생일파티가 마무리된 후 나는 아무것도 할 수 없었다. 온몸에 힘이 빠졌다. 마음속에 꾹꾹 눌러두었던 감정이 눈물로 흐를 뿐이었다. 머릿속은 내가 얼마나 힘든지에 대한 이유로 가득 찼다. 한동안 잠도 쉽게 들지 못했다. 잠이 오지 않아 괴로웠고 밤이 두려웠다. 가까스로 잠이 들면 어김없이 악몽을 꿨다. 누군가에게 쫓기거나 잔인한 장면들이 스쳐 갔다. 밤새 가족의 작은 뒤척임에도 눈이 떠질 만큼 신경이 곤두서 있었다. 하지만 나에게 나타난 이 문제를 해결할 에너지는 남아있지 않았다. 일상은 점점 단조로워졌다. 아이 끼니 시간에 맞춰 밥을 먹이고, 남편이 퇴근한 이후에야 제대로 된 한 끼를 먹었다. 몸은 더 느려졌다. 거울에 비치는 내 모습이 싫어 화장실에 갈 때마다 거울을 일부러 보지 않았다. 내 SNS 계정은 한동안 잠잠했다. 힘든 모습을 누구에게도 들키고 싶지 않았고, 마음은 점점 더 초라해졌다. 그렇게 긴 밤이 매일 이어졌다.

우연히 본 유튜브 제목 한 줄이 내게 일어설 힘이 되었다.

"더 이상 내려갈 수 없을 만큼 바닥이라는 기분이 든다면, 이제 올라갈 일만 남았습니다."

제목처럼 내 몸과 마음은 바닥나 있었다. 보이지 않는 미래와 우울한 오늘을 살고 있었다. 인생엔 목적이 없다지만,

그동안 무엇을 위해 살아왔는지 회의감이 들었다. 하지만 이제 올라갈 일만 남았다니. 새로운 길이 앞에 놓여 있다는 작은 희망을 발견했다.

내가 느끼는 감정과 행동이 왜 일어나게 되었는지 알아가고 싶었다. 내가 무엇을 바라며 살아가는지 처음으로 생각해보게 되었다. 멈춤과 휴식 없이 살아왔다. 열심히 착하게 살면 된다며 나를 돌보는 일을 미뤘다. 그럴듯한 타인의 삶을 부러워하고 흉내 냈다. 나를 돌보지 않은 모습은 유튜브 영상 속에서 말하는 무기력 증상과 일치했다. 정답을 찾은 것 같아 희망이 느껴졌다. 어두운 동굴 안에 있던 나. 내 삶을 다시 아름답게 가꾸고 싶어졌다.

내 마음의 신호에 귀 기울이기 위해 세 가지 실천 목표를 세웠다. 첫째, 기록하기다. 무엇이든 종이에 적었다. 현재 겪는 감정을 자유롭게 적다 보니 내 마음이 어디에 머물러 있는지 알 수 있었다. 둘째, 걷고 또 걷기다. 걷기는 몸을 스스로 치유하는 힘을 가지고 있다고 한다. 매일 걷는 동안 멍한 기분이 들 때도 있었고, 수많은 생각이 스쳐 지나가기도 했다. 내 걷는 속도에 맞춰 나에게 집중할 수 있는 시간이었다. 꼬리에 꼬리를 무는 생각들이 당장 해결되지 않아도, 천천히 받아들이는 과정만으로 답답함이 줄어들었다. 셋째, 나를 사랑하기다. 가장 소홀했던 일이다. 나를 조금 더 귀하게 여기는 연습을 하기로 했다. 일상에서 나를 사랑하는 방법은 어렵지 않았다. 육아를 핑계로 대충 했던 일에 정성을 들이고 미루지 않는 것만으로도 충분했다. 늘 아이를 씻기느라 여유 없던 샤워 시간도, 남편이 있을 때 아이를 맡기고 충분히 즐겼다. 평소 바르지 않던 바디 로션을 온몸에 꼼꼼히 바르고 나왔다. 트리트먼트를 새로 사 머리카락을 부드러운 손길로 빗고 말렸다. 이러한 작은 행동 변화는 나를 귀하게 대하도록 이끌었다. 아이를 씻기고 로션을 발라주는 손길까지 더 부드러워졌다. 나를 중요하게 여기지 않으면 타인에게도 진심으로 대할 수 없다는 것을 알아차렸다. 아이를 잘 키울 수 있는 마음의 깊이도 결국 나로부터 시작된다는 사실을 깨달았다.

살다 보면 다시 힘든 날이 찾아올지 모른다. 그럴 때일수록 나에게 소홀했던 부분들 되돌아보려 한다. 모든 걸 빨리 해치우려는 마음을 내려놓고, 여유 있게 나에게 집중하면 된다. 무기력했던 그때가 여전히 머릿속에 각인되어 있다. 다시는 경험하고 싶지 않은 고통을 겪어본 덕분에 변화할 수 있었다. 무기력은 나를 되돌아보라는 신호였다. 그 경험이 없었다면, 행복한 오늘을 만나지 못했을 것이다.

# 일상을 세우는
# 수면 루틴

아이가 다섯 살이 될 무렵, 시간제 강사 일을 시작했다. 엄마 역할 뿐만 아니라 직업인으로서 자리를 찾고 싶었다. 새벽에 일어나 공부했던 내용들로 아이들에게 도움 줄 수 있다는 즐거움과 자신감이 함께 했다. 육아로 미뤄오기만 한 일, 점차 내 영역을 넓히고 싶었다. 떨리는 마음으로 면접을 보고 당일 합격 소식을 받았다. 며칠 뒤 근 3년 만에 돌아온 일터. 다시 아이들 앞에 서니 제 자리를 찾을 듯한 기분이었다. 첫 출근에 몸이 피곤해도 약간의 긴장되는 몸이 활력으로 느껴졌다. 무엇보다 아이가 등원하고 나면 나도 내 자리를 찾아 출근하는 일상의 규칙이 마음에 들었다.

평소 아이가 등원하고 나면 소파에 한동안 늘어져 있는 날이 많았다. 내 컨디션이나 의지에 따라 일정치 못한 생활을 보냈었다. 늦게 잠이 드는 날이면 아이와 낮잠 자면 된다는 생각에 급하지 않은 일들을 새벽까지 붙들고 있었다. 육아도 일이었지만 시간이 갈수록 느슨해지는 일상은 나에게 발전적인 시간이 되지 않았다. 습관처럼 리모컨을 들고, 타인의 일상을 들여다보며 시간을 썼다. 꼭 필요한 물건이 생각나 주문하기보다 필요한 것들을 인터넷 장바구니에 자꾸만 담았다. 눈은 뻑뻑했고, 자고 일어나도 피곤함은 여전했다. 규칙적이지 못한 일상이 매일의 내 컨디션을 좋지 않게 만들었다. 그러니 일을 시작하면서 오로지 내 의지에 따라 휴식했던 일상과 멀어지는 게 오히려 나에겐 건강을 챙기는 일이 될 수 있다고 생각했다.

그해 가을, 도서관을 갔다가 우연히 『생체 시계만 알면 누구나 푹 잘 수 있다』라는 제목을 보았다. 피곤한 아침을 맞이하는 내게 호기심 가는 제목이었다. 일찍 자고 일찍 일어나는 게 중요하다는 건 누구나 다 안다. 수면에 관한 정보가 한 권의 책으로까지 나와 있어 신기했다. 책을 읽으면 읽을수록 수면의 질이 중요함을 느꼈다. 잠을 무작정 많이 자는 게 피곤함을 더는 게 아니었다. 일정한 수면 루틴이 나를 더 건강하게 해주는 셈이었다. 수면 시간이 길다고 해서 피로가 풀리는 것도 아니었다. 책에서 강조하는 점은 7시간 이상 잠을 자고, 규칙성을 갖는 것이었다. 최근 SNS에서도 수면에 대한 중요성이 간간이 보였다. 암에 걸리는 환자들에게서 나타나는 공통점은 자극적인 음식과 운동 부족보다 수면의 영향이 더 크다고 했다. 수면이 부족하거나 불규칙할 때 치매 발생률도 높아진다는 연구도 있다. 수면 중에는 노폐물의 청소가 활발하게 일어난다. 이 책에서도 깨어 있는 동안 쌓인 뇌의 피로가 회복되고, 보호하는 물질이 만들어지는 과정은 잠을 자는 동안 이루어진다고 말했다.

"사람의 신체는 우주가 주는 하루의 주기에 따라 생존을 위해 시계처럼 움직인다. 아침과 낮 밤에 따라 우리 신체는 그에 맞는 패턴을 유지하며 건강을 지켜나가야 하는 것이다."

-『생체 시계만 알면 누구나 푹 잘 수 있다』, 이현정

우리 몸이 가진 생체주기, 수면 습관은 내가 생각한 것보다 살아가는 일상에 영향을 끼치고 있다는 걸 알게 되었다. 그중에서도 수면이 우리나라 역사의 한 획을 긋는데 일조했던 일화도 있었다. 월드컵 4강 신화를 이룰 수 있었던 이유 중 하나도 시차 적응에 유리했고, 반대로 각국 선수들은 일주리듬이 맞지 않았던 이유와도 맞물렸다고 했다. 또 우리나라의 아픈 분단역사를 가져왔던 얄타 회담의 이면에도 찾을 수 있었다. 대표단이 시차 증후군을 겪으며 수면 생체 리듬의 영향을 받았다고 한다. 수면에 대한 정보는 과거 역사적인 이야기까지 담고 있고, 그만큼 잠이 우리의 일상에 중요하다는 것을 깊이 생각해보는 시간이었다. 해소되지 않는 반복되는 피곤함의 이유를 조금은 알 것 같았다. 불규칙한 수면 리듬부터 바꾸어야겠다는 생각이 들었다. 수면의 질만 높여도 덜 피곤한 하루를 보낼 수 있겠다는 생각이 들었다. 무엇보다 감정에 일희일비하는 일도 줄일 수 있었다. 실천하기 위해 내 하루 동안 숙면을 방해하는 행동이 무엇인지 살폈다. 일찍 잠들려면 낮잠부터 자지 않아야 했다. 피곤함이 드는 날이면 일을 미루고 잠을 자는 경우가 있었는데, 참을 수 없는 피곤함이 들 때는 알람을 맞추고 20분 이하로만 쪽잠을 잤다. 저녁을 먹고 저녁 6~7시쯤이면 졸음이 쏟아졌다. 그 시간을 잘 넘기는 것도 중요했다. 식후에는 혈당이 올라 가족과 산책하거나 거실에 있는 운동기구 앞으로 가 몸을 움직였다. 아이가 자는 9시쯤에는 함께 잠들려 했다. 아이가 자고 나면 핸드폰을 들여다보는 습관을 멀리하는 일도 쉽진 않았다. 그러나 수면 습관을 고치고 싶은 마음에 차라리 새벽에 일어나 핸드폰을 보자는 생각으로 일단 눈을 감고 누웠다. 다행히 일을 시작하고 나니 이러한 일상은 더 쉽게 자리 잡을 수 있었다. 평소보다 이른 시간에 출근과 등원 준비로 조금이나마 덜 피곤하기 위해 내 몸을 아끼게 되었다. 아이가 아침에 일찍 깨어도 피곤하지 않은 컨디션으로 아침을 맞이할 수 있었다.

이 밖에 수면 패턴을 잡는데 효과적이었던 세 가지를 정리해본다. 첫째, 수면은 패턴이 중요하니 항상 같은 시간에 잠자리에 눕도록 했다. 둘째, 자기 전에는 핸드폰을 되도록 보지 않았다. 알람을 맞추고 충전기를 일부로 침대와 멀리 두었다. 셋째, 잠이 오지 않을 때면 방 안에서 나와 책을 읽었다. 이런 날이면 평소 손이 가지 않아 미뤄둔 책장의 책을 꺼냈다. 『코스모스』같은 벽돌 책을 한 줄 한 줄 읽었다. 생소한 분야라 이해되지 않아도 가볍게 훑어 읽었고, 잠이 왔다.

수면이 불규칙해져 일상이 흔들릴 때면 위 세 가지 중에 하나씩 실천한다. 여전히 잠자리에 누워 핸드폰을 보고, 늦게 잠드는 날도 있다. 경험으로 알아차렸으니 다시 시도하기 쉬워졌다. 수면으로 지키는 일상의 규칙성. 내가 더 건강한 하루를 보낼 수 있게 된다.

# 4시간 워킹맘,
# 일하며 성장하기

읽고 쓰는 일상은 내 삶의 동력이다. 가정을 돌보며 자기계발을 위해 분투하던 나날도 새로운 자아를 발견하는 과정이었다. 내 삶에 대한 배움을 시작했을 때, 무엇을 잘하고 싶은 사람인지 뚜렷하게 정의하지 못했다. 어제보다 더 나은 나로 성장하는 자체로 만족스러웠다. 속도는 느릴지라도 나를 넘어서는 일은 흥미로웠다. 작은 성장의 기쁨을 즐기는 사람이라는 정체성으로 살아가고 싶어졌다. 다시 책을 들며 고착된 신념에서 빠져나올 수 있었고, 결과에만 집착하며 낙담하던 태도도 바뀌었다. 자신에게 집중하는 삶이 즐거워야 행복한 미래도 기대할 수 있다고 믿었다. 성장을 즐기고 있기에 앞날도 밝을 수밖에 없다고 확신하게 되었다.

아이들과 함께하는 전공과 관련된 일을 하면서도 성장에 집중하는 삶을 살고 싶었다. 근무 시간이 짧고, 서류 등 퇴근 후에도 업무가 남지 않은 일을 원했다. 운 좋게도 같은 아파트 단지에 있는 근무지에서 4시간만 일할 수 있는 일자리를 찾았다. 담임 업무와는 달리 서류에 대한 부담이 없었다. 교사 경험이 풍부했기에 현장에서 필요로 하는 도움의 손길이 무엇인지 누구보다 잘 알고 있었다. 책임의 무게보다는 적절히 일하며 육아를 병행하고 무엇보다 자기 성장의 시간을 확보하는 것이 목적이었다. 면접 당시, 원장은 담임 교사 대신 보조교사를 선택한 이유를 물었다. 육아에 소홀하지 않으면서 배움에 에너지를 쓰고 싶다는 내 답변에 공감하며 흔쾌히 채용을 결정했다. 누군가는 육아에 집중하고 싶다면 전업주부를 선택하면 되지 않느냐고 의아해할 수 있다. 하지만 나는 오로지 내 손으로 번 돈으로 자기 계발 비용을 자유롭게 쓰고 싶었다. 남편은 가계 지출이나 그 외의 비용에도 눈치를 준 적이 없지만, 성장 비용까지 달라고 하고 싶진 않았다. 적게 일하고 쓸 만큼 벌어 온전히 나의 성장에 돈을 쓰는 과정 자체로 이때만이 할 수 있는 자기 계발이라고 생각했다.

월급은 적었지만, 성장을 위해 쓰는 비용으로 충분했다.

　매달 급여로 받은 10% 이상은 읽고 싶은 책을 사는 데 썼다. 평소 더 알고 싶었던 분야를 공부하고, 1년 전부터 관심이 가던 필라테스라는 운동도 시작했다. 미루기만 하고 있던 운동을 우선순위로 올렸다. 당시 10회 수업에 35만 원은 월급에 비하면 적지 않은 금액이었다. 강습을 다니기 전에는 매일 30분씩 산책길을 걸었지만, 의지에만 의존하다 보니 컨디션에 따라 실천이 불규칙해지는 점이 늘 마음에 걸렸다. 내 의지에 따라 시작해야 하는 힘듦 대신 운동을 등록해서 해야 할 수밖에 없는 환경을 만들기로 했다. 운동을 다니기 시작하며 새로운 배움에 대한 즐거움과 숨이 차고 땀을 흘리는 과정에서 뿌듯함이 느껴졌다. 내 몸의 불균형도 알아차렸다. 바르지 못한 자세 때문에 약해진 쪽의 근육에 더 힘이 들어갔다. 3개월 정도 지나자 똑같은 계단을 올라도 숨이 차지 않았다. 항상 편하고 빠른 길만 찾던 마음의 태도는 운동을 시작한 이후 달라졌다. 운동 중에 견뎌내는 마지막 몇 초는 온몸이 부들부들 떨릴 정도로 힘들지만, 한계를 견뎌내는 찰

나의 통증이 나를 더 단단하게 빚어낸다는 사실을 깨달았다. 처음으로 나를 위해 비용을 들여 운동을 시작한 것은 지금까지도 가장 잘한 선택 중에 하나로 꼽는다.

주변에서는 육아에서 잠시나마 탈출하고 싶거나 아이에게 더 좋은 것을 사주고 싶어 복직한다는 이야기를 자주 한다. 조금 이기적으로 보일지 모르겠으나, 일하면서 아이를 위해 물질적으로 더 풍요로운 도움을 주고 싶은 목적은 우선에 없었다. 그보다 나의 내면적 성장이 아이와 나의 삶을 질적으로 풍요롭게 해줄 거라고 믿었다. 비싼 옷을 사주는 엄마보다 몸과 마음이 건강하고 지혜로운 엄마가 되는 게 우선이라고 생각했다. 이것이 내가 4시간 근무라는 환경을 기꺼이 즐길 수 있는 이유였다.

아이를 키우며 복직은 고민하는 일은 엄마에게 주어진 특권일지 모른다. 육아와 병행해야 하니 작은 일부터 시작해도 누가 뭐라 할 사람도 없다. 도약의 발판으로 삼을 수 있다.

어떤 위치에서 무슨 일을 하든 상황에 맞게 시도하고 찾아가는 과정이 나를 성장시켰다. 일하며 성장하는 건 단순히 경제적 수단을 얻는 것을 넘어 나라는 사람의 영토를 넓혀가는 과정이다. 워킹맘을 망설이는 엄마들에게는 자신의 이름을 되찾을 용기를, 육아에 지친 이들에게는 자기 계발로 얻을 수 있는 성장의 자유를 가져도 충분하다.

# 운은 기다림이 아닌
# 시도에서

컴퓨터방 책상 한쪽에는 다이어리를 담은 바구니가 놓여 있다. 해마다 한 권씩 쌓인 기록을 가끔 꺼내 본다. 어느 페이지를 펼쳐 봐도 내용은 늘 새롭다. 자연스레 과거의 나와 현재의 생각을 대조해 보게 된다. 잊고 지낸 영감을 발견하기도 하고, 간절히 바랐던 소망이 이미 현실이 된 것을 확인하며 뿌듯함을 느끼기도 한다. 시간이 흐른 뒤 다시 보니 당시에는 꽤 심각했던 고민이 사실 별일 아니었음을 깨닫는 순간도 있었다.

과거 기록 중에 내일은 내일의 해답을 만난다는 문장이 눈에 들어왔다. 예전과 지금 이 문장을 대하는 나의 마음은 달라졌다. 과거의 나는 앞날을 걱정하며 살았다. 선택해야 할 과제들도 시간이 흐르면 저절로 해결되리라 믿으며 회피했다. 어떤 일이 닥치든 어떻게 하면 손해를 덜 볼지만 궁리했다. 결과가 기대에 미치지 못할 때는 금방 낙담했다. 막연히 행운이 따르기만을 바랐다. 일이 순조롭게 풀리는 지인들을 보면 타고난 복이 많은 사람이라 부러워했을 뿐, 그들의 이면을 채운 노력의 흔적은 보지 못했다. 그저 소위 팔자가 좋아서 세상을 편하게 살아가는 것이라 치부했다.

ChatGPT 프로그램이 생긴 이후 무언가를 시작하기 전에 방향을 물었다. 지금처럼 나아간다면 내년에는 반드시 목표를 이룰 거라는 희망적인 답변이 나오면 기대를 품었다. 걱정 반 기대 반으로 던진 질문에 대한 인공지능의 답변에 휘둘렸다. 잠시 위안을 얻었지만 안도감은 며칠이 지나지 않아 사라졌다. 질문을 건네고 얻으려 했던 인생 지도는 더 편안해지고 안전하고 싶은 욕구였다. 오늘 내가 누리고 있는 일상에 만족하지 못하고 살고 있다는 증거이기도 했다. 나는 어떤 사람인가에 대한 확신이 없으니, 외부를 통해 나의 가치를 확인받고 싶었다. 실패를 두려워하고 시작을 미루는 태도는 자신을 믿는 마음을 흐리게 했고, 결국 내 결정을 타인에게 검증받으며 의지했다.

오랜만에 연락이 닿은 친구와의 대화 주제도 그랬다. 고민을 잘 들어주는 소중한 친구다. 자기 계발을 시작한 지 얼마 되지 않았을 무렵 나는 무언가 금방이라도 성취해야 할 것 같은 조급함이 있었다. 일상을 털어놓으면 친구는 늘 충분히 잘하고 있으니 천천히 하라고 다독였다. 아무것도 하지 않아도 충분하다는 따뜻한 격려가 고마웠다. 친구의 말을 들을 때면 잠시나마 마음이 평온했다. 하지만 그 역시 타인의 인정이었기에 마음이 불안해지면 그에 대한 믿음도 작아졌다.

타인의 말에 따라 해답을 찾는 삶을 바꾸고 싶었다. 그럴 때면 다이어리 계획을 촘촘히 기록하며 실천에 집중했다. 오롯이 자신에게 몰입하는 시간만이 스스로에 대한 확실을 세우는 유일한 길임을 깨달았다. 그러던 어느 날, SNS에서 사람들이 죽기 전에 가장 많이 하는 후회를 다룬 영상을 보았다. 나이가 지긋한 어른들의 인터뷰였다. 기억에 남는 두 가지 조언이 있다. 첫째, 남의 눈치 보지 말고 네 인생을 살아라. 둘째, 많이 웃고, 더 많이 경험하며 도전하라는 것이었다. 오늘을 어떻게 보낼지 계획하는 일은 나에게 집중하는 일이며, 작은 시도를 이어가는 과정은 나를 위한 도전이다. 나에 대한 의심이 고개를 들 때마다 그 불확실함이 내 삶에 큰 타격을 주지 못할 거라고 믿었다. 결과보다 시도 자체에 가치를 두니 상황을 가볍게 받아들이고 시도하기가 쉬워졌다.

이제는 실패야말로 올바른 방향으로 가고 있다는 신호임을 안다. 그보다 나은 방법을 찾기 위한 과정이니 오히려 반갑게 맞이할 여유가 생겼다. 내일의 해답은 늘 내 안에 있었다. 『돈과 운의 법칙』이라는 책에서도 말한다. 운에 대한 고정 관념을 깨뜨린다. 운은 기다리는 것이 아니라 시도하는 힘에서 나온다 했다. 운의 흐름은 존재하지만, 인생의 방향을 결정하는 것은 정해진 명운이 아니었다. 아무리 좋은 운을 타고났더라도 그 운이 작용할지 아닐지는 오로지 그 사람의 행동과 선택에 달려있었다. 그러니 '운'도 내가 살아가는 방식에 따라 얼마든지 바뀔 수 있다. 성공한 이들이 겸손하게 운이 좋았다고 말하는 건 단지 우연을 뜻하지 않았다. 자신을 믿고 묵묵히 시도하며 나아간 힘이 마침내 운의 물꼬를 트이게 만든 것이다.

나를 믿는 힘이 부족해 운을 탓하기도 했다. 하지만 다이어리에 적어 내려간 수많은 계획과 실천의 나날들은 나의 시도였다. 하루하루가 쌓여 성장을 이뤄왔다. 내일은 내일의 해답이 있다는 말은 이제 내게 시간이 약이라는 수동적인 위로가 아니다. 스스로 시도하며 해답을 만들어가는 능동적인 확신이다. 글을 쓰고 고치는 지금도 독자에게 닿기 위해 나아가는 소중한 과정이다. 시도는 운의 씨앗이며, 행동은 그 운을 꽃피게 하는 햇살이다. 기다리는 삶이 아닌 매일의 시도로 나의 운을 직접 빚어가는 삶을 살아가려 한다.

## 뇌 과학이
## 알려준 나

20대 초반, 광주 터미널 내 영풍문고에 들렀다. 진열된 책들 사이에서 주황색 표지 『불안』이라는 제목이 눈에 들어왔다. 불안에 대한 철학적 내용이었다. 불안은 당시 내가 가장 해결하고 싶었던 감정이었다. 책장을 넘겨 목차를 훑었고, 호기심에 책을 샀지만 결국 다 읽지는 못했다. 10년이 지난 지금도 내용보다 제목이 더 익숙한 채로 남아 있다. 불안이라는 감정이 어디서부터 어떻게 시작되는지 알지 못했지만, 불안이라는 두 글자는 나와 닮아 있는 듯했다.

평소 자기 계발서를 즐겨 읽는다. 자기 계발에 관한 도서를 읽다 보면 뇌 분야에 대한 과학적 지식을 자주 접하게 된다. 사람들마다 가치관은 달라도 뇌가 작동하는 방식은 같다. 대학 시절 수업에서 접했던 전두엽 발달의 중요성을 책을 읽으며 다시금 깨달았다. 전두엽은 0~7세 무렵 폭발적으로 성장하지만, 뇌는 평생에 걸쳐 발달할 수 있는 유일한 장기라는 사실이 반가웠다. 뇌 과학을 공부하며 내가 느끼는 여러 감정에 대한 이해의 폭이 넓어졌다. 특히 우울과 불안, 무기력과 걱정 등의 부정적인 정서를 객관적으로 바라볼 수 있었다. 『하버드 상위 1% 비밀』, 『하버드 감정 수업』, 『공부하는 뇌』, 『아무것도 하기 싫은 사람의 뇌 과학』, 『지혜의 심리학』 등 여러 책으로 인간이 가진 생각과 감정의 본질이 무엇인지 깊이 생각해보는 계기가 되었다.

뇌 과학 지식을 삶에 적용하며 도움을 얻은 세 가지 지혜를 정리해본다.

첫째, 불안은 생존을 위한 뇌의 자연스러운 반응이다. 불안은 눈에 보이지 않은 현상이나 예측할 수 없는 상황에서 느끼는 본능적인 방어기제다. 통제할 수 없는 일에 예민하게 반응하며 모든 것을 해결하려는 과도한 책임감이 불안을 증폭시킨다는 사실을 알았다. 세상에는 내 힘으로 조절할 수 없는 영역이 훨씬 많다는 사실부터 받아들였다. 이후 마음속 걱정거리를 종이에 적으며 객관적으로 바라보는 연습을 했다. 그 과정만으로 불안은 의식적으로 나와 분리될 수 있는 반응이라는 걸 인지했다.

둘째, 뇌는 부지런히 활동하지만 생각은 본능적으로 게으름을 피운다는 점이다. 『지혜의 심리학』에서는 인간을 인지적 구두쇠라고 표현한다. 본성에 가까운 경향성 중 하나라고 했다. 깊이 사고할수록 막대한 에너지가 소모되기에 뇌는 본능적으로 쉽고 편안한 선택을 한다. 뇌는 체중의 2%에 불과하지만 20% 이상의 에너지를 소비한다. 어떤 문제에 대해 깊이 생각하는 공부를 본능적으로 싫어하고 우선 할 수 있는 일이나 당장 쉬운 길을 택하려 한다. 나 역시 SNS에서 유익한 정보를 보면 곧바로 팔로우를 누르곤 했다. 좋은 정보들을 보면 그 계정으로부터 무언가 쉽게 얻을 수 있다는 생각이 들었다. 하지만 저장해둔 게시물을 다시 들여다본 경우는 열 번 중 세 번도 되지 않았다. 다른 사람이 직접 경험해 얻은 결과물은 쉬워 보였지만, 금세 잊고 남지 않았다. 결국 내가 무엇을 얻기 위해서는 노력이라는 불편함을 받아들여야 한다는 것을 깨달았다. 그리고 그 과정이 나를 성장하게 만드는 시간이었다. 불안을 해결해보겠다며 책을 집어 들었지만 다 읽지 못한 이유도 마찬가지였다. 내 불안을 쉽게 해결하고 싶었지만, 더 많은 에너지가 쓰이니 포기해버린 것이다. 한 번에 완벽해지려는 조바심에 저항이 생겼고, 결국 포기로 이어졌던 지난날의 패턴을 되돌아보았다.

셋째, 자극은 습관이 된다. 뇌는 만족과 행복을 느낄 때 도파민을 분비한다. 하지만 과도한 자극은 감각을 무디게 만들고 더 강한 자극을 갈구하게 만든다. 상태가 지속되면 뇌는 휴식하지 못한 채 빠르게 노화한다. SNS 영상을 보다 보면 시간이 훌쩍 지나간다. 다음 날 아침, 눈을 뜨자마자 영상을 확인하곤 했다. 긴 과정을 짧은 영상으로 편집해 담아낸 모습을 보며 대리만족을 넘어 나도 모르게 비교에 빠지기도 했다. 신체적인 피로를 넘어 마음이 건강까지 위협하는 습관이었다. SNS를 끊진 않더라도 조금이나마 내 일상에 좀 더 집중하고 싶었다. 의식적으로 자극을 낮추기 위해 기상 직후와 취침 전에는 스마트폰을 보지 않기로 했다. 앱 사용 제한 기능을 활용해 경계를 만들었다. 잠이 오지 않는 밤에는 두꺼운 책을 펼쳤다. 뇌의 작동 원리를 이해하니 자기 통제는 이전보다 훨씬 수월해졌다.

결국 불안은 여러 감정 중에 단순한 반응일 뿐이고, 생각은 게으르며, 자극은 쉽게 습관이 된다. 이 사실을 인지하는 것만으로도 나를 이해하고 조절하는 일이 한결 쉬워졌다. 변화에 따르는 저항은 내가 올바른 방향으로 나아가고 있다는 신호였고, 좋은 습관은 그 저항을 뚫고 조금씩 자리를 잡았다. 습관적으로 들여다보던 타인의 세계를 벗어나 나라는 사람의 오늘에 집중한다. 스스로가 믿음직스럽지 못하거나 마음이 흔들릴 때면, 뇌 과학이 알려준 지혜로 나라는 존재를 다시 이해하고 자각해본다.

# 실패로 자라는
# 엄마의 글쓰기

내 글이 어느 독자와 눈 맞춤 하는 날을 고대했다. 나에게 글쓰기란 비밀스러운 일이었다. 다른 이들에게 미처 꺼내지 못하는 마음을 종이에 적어내는 정도였기 때문이다. 부정적인 감정을 드러내는 건 나를 작아지게 하고, 부끄러운 일처럼 느껴졌다. 되돌아보면 꽤 오래전부터 글 쓰는 일이 나에게 위로를 주었다. 슬펐던 이야기들을 노트에 끄적이던 중학생 어린 나의 모습도 떠오른다. 그렇게 글로 내 감정을 소화해내며 살았다.

이제는 엄마가 되었다. 보이지 않던 새로운 세계가 다시 펼쳐졌다. 새로운 상황을 만나 선택을 해야 할 때마다 불안과 맞닿았다. 불안이라는 감정을 덜어내는 건 내가 글 쓰는 일을 이어왔기에 감당할 수 있었는지 모른다. 흰 종이에 어떤 마음이든 적어 내려갔다. 내 생각이 맞고 틀리든 이기적으로 내 마음을 종이에 드러냈다. 설거지하다가, 머리를 감다가도 머릿속에 꽉 찬 답답한 마음을 꺼내 버리자는 하나의 생각으로 볼펜을 잡고 써 내려갔다. 그 순간만큼은 시원한 기분이 들었다. 비워낸 만큼 조금의 여유가 생겼다. 그렇게 글쓰기는 언제나 나를 조금 더 나은 상황으로 데려다주었다. 작가의 꿈은 그렇게 이어졌다.

지난 24년 11월 30일, 세 번째 공저 책 오프라인 출간 계약에 참여하기 위해 대전으로 향했다. 계약서를 작성하고, 사진도 찍었다. 함께 책을 쓴 작가들과 점심도 먹고 차를 마시며 이야기도 나누었다. 이야기를 하던 중 한 작가가 책을 왜 쓰냐는 물음을 모인 여섯 명의 작가에게 물었다. 글을 쓰는 일이 좋은 이유는 각자 달랐다. 대답을 들으며 나도 뭐라고 대답할지 곰곰이 생각에 잠겼다. 머릿속에 대장장이라는 단어가 스쳤다. 책을 만드는 일은 대장장이가 하나의 도구를 만들 듯 불에 달구고, 물에 넣고, 망치로 찧으며 더 나은 도구가 되기 위해 하나를 만들어내는 과정과 같다고 생각했다. 한 권이라는 책은 누군가의 도움 없이 오로지 내 생각과 경험에서 흘러나오는 감정을 담아낸 결과물이었다. 대장장이 역시 누군가 쓰임 있는 도구가 되기 위해 두드리고 더 반듯한 칼날을 만들 듯이 말이다. 나에게 집중해 과정에 충실하고 한 권의 결과물을 얻을 때마다 성취감에 차오른다. 대장장이도 오랜 시간을 들여 무거운 쇠망치로 내리치고 내 마음에 들었을 때 멈추듯, 책 쓰기 내 기준에 맞춰 완성 짓는다. 작은 일에 정성을 다하는 일이라는 자체로 글쓰기는 나의 일상에 힘이 되는 씨앗이다. 책은 남을 돕기 위해 존재하는 도구이기도 하다. '내 글이 누군가에게 도움이 될까?'라는 생각도 했다. 그러나 이제는 글을 쓰는 일로 내가 나를 구할 수 있을 때, 누군가도 구할 수 있다고 믿는다. 내가 나를 기쁘게 인정해줄 수 있는, 어떤 일보다 스스로가 마음에 드는 일이라는 자체로 책 쓰기가 좋다.


여자와 엄마의 차이는 크다. 나처럼 소용돌이 같은 마음의 변화를 겪는 엄마들에게 도움이 되고 싶었다. 누구에게나 불안은 만나는 감정이라고, 불안이 성장이 되는 반짝임이 누구에게나 마음 안에 존재한다고 말해주고 싶다. 크게 보면 자기 계발이라는 시간을 통해 나를 성장시키고 있다. 잘 살아왔다고 말해주는 책이 없었다면 불가능했다. 글로 얻은 마음을 작게나마 글로 보답하며 살고 싶은 마음이다.

종이책이 출간되면 먼저 고마움을 표하고 싶었던 분들이 많다. 첫 전자책을 축하해 준 지인들이다. 이 책이 세상이 나오기 전 꽤 오랜 시간 동안 개인 저서 출판에 대한 꿈을 꿔왔다. 매일 두 시간을 들여, 60장의 초안 그리고 두 번째 80장 분량에 내 마음을 꺼냈다. 분량만 채우면 될 거라는 안일한 마음으로 앞만 보고 달렸다. 생각보다 종이책의 문턱은 높았다. 우연히 전자책이라는 플랫폼이 있다는 걸 알게 되고, 인터넷을 뒤져 공부했다. 나름의 목차를 정했다. 30페이지 분량임에도 에너지가 들었다. 『엄마 성장의 첫걸음』이라는 전자책이다. 한글 파일에 저장된 글이 많았음에도 부족함이 많았다. 작은 나의 첫 작품은 오직 어려운 과정을 마무리한 혼자만의 뿌듯함만 가질 뿐이었다. 스스로 해냈다는 자만한 성취 하나로 주변 지인들에게 알렸다. 축하해주고 사주는 마음에 감사했다. 지금 생각해보면 무슨 자신감이었는지 얼굴이 달아오른다. 후기까지 정성스레 써준 그 마음은 시간이 지날수록 크게 느껴졌다. 전자책이지만 출간이 달콤했고, 행복했다. 그렇게 시간이 지나 전자책을 다시 볼 기회가 있었다. 전자책은 '크몽'이라는 사이트에 등록했었는데, '유페이퍼'라는 사이트를 새로 알게 되었다. 유페이퍼 사이트에도 올려보자는 마음으로 전자책을 수정하려 했다. 전자책을 다시 열었다. 페이지를 넘길수록 부끄러웠다. 집중해 읽지 않아도 눈에 띄는 정도로 맞춤법이나 띄어쓰기조차 수정되지 않았다. 자만으로 가득 찬 글투성이다. 만 원이라는 돈을 받고 30장이 채 되지 않은 전자책을, 그것도 이런 품질의 글을 판매했다는 자신이 실망스러웠다. 부끄러움에 종일 마음이 편치 않았다.

'그때 당시는 왜 몰랐지….'

하지만 이내 깨달았다. 과거의 글이 부끄럽게 느껴진다는 것은 그만큼 안목이 생겼다는 증거였다. 엉망인 글을 고칠 수 있는 기회가 와서 천만다행이라 믿었다. 2022년 3월에 얻은 전자책 수익금 15만 9,900원. 고맙고 미안한 마음을 잊지 않기 위해 1원도 쓰지 않고 간직하고 있다.

작가가 된 이후, 모든 것에 감사하는 마음이 커졌다. 이 역시 어제보다 더 나은 내가 되어가는 삶의 일부다. 종이책이 세상에 나온다고 해서 내 일상이 변하지는 않을 것이다. 다만 책이 한 권씩 늘어갈수록 내 마음의 키도 자라나 더 성숙한 어른이 되리라 확신한다. 앞으로도 읽고 쓰는 삶을 멈추지 않을 것이다. 끊임없이 자신을 채우고, 그 충만함으로 가족과 세상을 향해 작은 빛을 전하는 사람 되고 싶다.

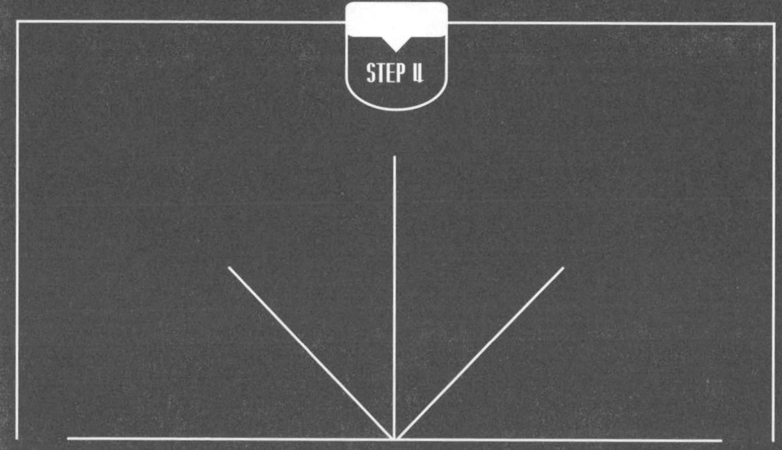



오늘을 살아가는 나만의 방식

# 엄마의 오늘 시스템

# 육아는 나다움을
# 찾는 여정

얼마 전 '나다움'이라는 진정한 의미를 알게 되었다. '아름답다'라는 뜻은 본래 '나답다'라는 뜻이라고 한다. 아름답다고 느꼈던 순간과 장면들을 떠올려 본다. 산을 좋아한다. 바람에 흔들이는 들꽃과 갈대, 호수와 산이 경계 없이 이어지는 풍경, 흙을 밟으며 자연 속을 거닐 때 아름다움을 느낀다. 나에게 온전한 편안함을 주는 장소다. 얼마 전 카페에서 커피를 즐기는 노부부의 모습에서도 같은 감정을 느꼈다. 엄마 손등에 새겨진 잔주름도 마찬가지다. 화려하게 꾸미지 않아도 세월이 빚은 분위기에는 언제나 아름다움이 깃들어 있다.

30대 중반, '나다운 것이 무엇일까?' 질문을 던져 본다. 엄마 된 이후 일상이 그저 버겁게만 느껴졌다. 헝클어진 머리와 수면 부족, 피곤함에 푸석푸석했던 얼굴이 떠오른다. 처음 엄마라는 자리에서 나다움을 점점 잃어가는 듯했다. 매일 아이 일상 패턴에 맞게 살아가다 보니 나에 대한 기억보다 아이에 대한 사소한 일과들이 머릿속을 가득 채웠다. 처음에는 엄마 이외의 온전한 내 자리가 좁아진다고 생각했다. 그러나 시야를 넓혀보니 상실이 아니었다. 남편과 만나 부부가 되었듯, 아이라는 존재 덕분에 더 행복을 누리는 가족으로 살아간다. 앨범 속에 차곡차곡 쌓인 가족사진들은 아름다운 찰나의 기록이다.

누구나 육아가 아름답다고 말할 수 있을까? 시간이 지나야 가능하다면 언제쯤 그렇게 느낄 수 있을까?

아기를 안고 산책하는 나를 보며 지긋이 나이 드신 어르신들은 "참 좋을 때네."라고 말한다. 오랜 시간이 지나 아이를 키워냈던 그때를 회상하고, 미소 짓는 어른들이다. 얼마 전 오랜만에 만난 친구는 지인 결혼식에 6개월이 된 아이와 함께 왔다. 여덟 살이 된 딸과 지내다가 태어난 지 몇 개월 되지 않은 귀여운 아기를 보며 눈을 떼지 못했다. 지나고 보니 엄마의 자리는 힘들었던 순간보다 그때만이 볼 수 있는 순간이 더 오래도록 기억에 남는 듯했다.

육아를 하는 동안 늘 불안함과 싸웠다. 어떤 아이로 키워야 할지보다 매일 하루하루를 견뎌내는 기분이었다. 내 앞에 작은 생명을 어떻게 지켜내야 할지, 나의 쉼을 위해 조금이나마 수월한 방법은 없는지 꼼수를 찾곤 했다. 여전히 아이가 커가면서 새로운 상황에 어떻게 해야 하는지 고민하는 날도 있다. 그러나 시간이 지날수록 엄마의 자리는 불안은 조금씩 덜어졌다. 아이와 함께 성장하며 단단함으로 채워졌다. 결국 육아의 시기는 홀로 존재하는 나로부터, 가족과 어우러져 살아가는 나다움을 찾아가는 소중한 여정이다.

나다운 육아로 성장할 수 있었던 이유를 세 가지를 정리해 본다.

첫째, 나다움은 수많은 시행착오를 거쳐 완성된다는 사실을 자각했다. 육아뿐만 아니라 요리, 살림 등 일상의 주어진 일을 반복하며 나만의 방식을 발견할 때 주체성이 생긴다. 비 온 뒤 땅이 굳어지듯이 한 사람이 가진 마음도 겪어 냈을 때 단단해진다. 내가 겪었던 육아 불안도 특별한 방법은 없었다. 그저 오늘 마주한 불안을 도망치지 않고 받아들이는 태도가 전부였다.

둘째, 흔들리지 않고 나를 믿는 마음이다. 내가 느끼는 감정을 그대로 인정하는 것이 시작이었다. 때로는 타인과 나를 비교하며 아이의 행동을 성급히 판단하고, 내 육아 방식에 문제가 있는 건 아닌지 걱정했다. 그러나 누구나 강점과 약점이 있듯, 내가 가장 잘할 수 있는 육아를 묵묵히 이어가는 게 중요했다. 정답을 찾기보다 직접 경험하며 쌓아 올린 노하우가 결국 나를 이끌고 타인에게 영감을 줄 수 있다고 믿었다. 꾸준히 실천하는 자만이 가질 수 있는 확신이 흔들리지 않는 뿌리가 되어 주었다.

셋째, 나다움의 완성은 기록이었다. 나를 되돌아보며 기억하는 시간은 내 삶에 집중하는 시간이 되어준다. 내가 느겼던 생각과 감정을 고스란히 남길 수 있다. 기록을 통해 하루를 돌아보며 부족함을 메우고, 내일을 계획하는 과정은 나다움을 빛나게 해주는 시간이 되었다. 기록은 나라는 존재를 증명해주는 소중한 보물이다.

불안을 성장으로 바꾸기 위해 글을 쓰는 엄마가 된 이후 많은 게 달라졌다. 어느 날 딸은 내게 엄마와 며칠을 바꿔 살아보고 싶다고 했다. 이유를 물으니 엄마의 삶이 흥미롭게 느껴진다고 대답했다. 딸이 나에게 전해준 말이 나다운 육아를 선명하게 만들어 주었다. 우리 모두의 육아는 화려하지 않아도, 누구에게 인정받지 않아도 힘든 순간 즐거운 순간 모든 조각이 나답기에 특별하다.

# 건강한 오늘을 만드는
# 나만의 시스템

'이번 주는 언제 지나갈까?'

월요일 아침, 무거운 발걸음으로 출근하던 순간들이 떠오른다. 퇴근 후에도 쉼보다 육아가 먼저였다. 똑같은 일상이더라도 더 지치는 날이 있다. 오랜 시간 붙들고 계획한 일이어도 순조롭지 않을 때가 많았다. 쉬고 싶지만 해야 할 일만 산처럼 쌓인 기분이 느껴질 때도 있었다. 새로운 일에 대한 호기심을 뒤로하고 나아갈 수 없는 듯한 현실에 움츠려 무기력하기도 했다. 그럴 때마다 그 마음을 종이에 적는 것만이 나를 돌볼 수 있는 가장 쉬운 방법이었다. 시간이 지난 일기장을 다시 읽곤 한다. 지나고 보니 별일 아닌 듯한데 여러 감정이 깊이 묻어나 있다.

내가 적은 메모에는 공통점이 있었다.

'피곤하다, 잠을 조금밖에 못 잤다. 오랜만에 글을 쓰기 마음이 시원하다. 몸이 뻣뻣하고 아프다.'라는 말이다.

두서없는 메모였지만 기록에 익숙해지고 쌓일수록 이러한 반복적인 내용들이 눈에 들어오기 시작했다. 나도 모르게 내뱉는 말과 습관을 기록이 기억해주고 있었다. 시간이 지나도 없어지지 않는 기록 덕분에 자각하고 나를 챙길 수 있는 증거가 되었다. 특히 마음이 힘들 때면 기록에 남긴 공통된 세 가지를 되돌아보자는 나만의 공식을 세웠다. 누구에게나 적용되는 원칙은 아닐 것이다. 나만의 시스템인 셈이다. 오늘이 버겁게 느껴질 때면 아래 세 가지 중 부족한 것을 확인한다.

첫째, 운동으로 일상의 생기를 채운다. 나에게 첫 운동은 거창한 것이 아니었다. 매일 아침 요가 매트를 거실 한편에 펼치고 플랭크 1분을 버텼다. 처음에는 30초도 버겁던 것이 5개월이 지나자 2분까지 늘었고, 컨디션이 좋은 날에는 스쿼트도 함께 했다. 운동량보다 오늘 운동을 '했다'는 사실에 집중했다. 짧은 운동 후 책상에 앉으면 평소 쓰지 않던 근육이 살아나 자세도 좋아지곤 했다. 바쁘다는 핑계로 사소한 루틴을 미루면 몸은 금세 신호를 보냈다. 무릎과 어깨가 뭉치고 몸이 무거워질 때면, 유튜브를 틀고 아이와 함께 숨이 찰 정도의 유산소 운동을 했다. 땀을 흘리며 마지막 1분을 버텨낼 때 느껴지는 쾌감은 하루 동안 느슨해진 몸과 마음을 다시 일으켜 세우는 힘이 되었다.

둘째, 수면 상태를 점검해 회복 시간을 확보한다. 나는 본래 저녁형 인간이었지만, 나만의 시간을 갖기 위해 아침 6시 30분에 일어나곤 했다. 적막한 새벽, 해보다 먼저 눈을 떠 움직이는 기분은 시간에 끌려다니는 삶을 살아왔던 나에게 꽤 매력적이었다. 일찍 일어나기 위해 취침 시간도 자연스럽게 빨라졌다. 잠이 부족한 날엔 어김없이 예민해졌다. 아이가 뒤집어 벗어 놓은 양말 한 짝에도 잔소리가 나올 때면 인내심보다 수면의 문제임을 자각한다. 우리 몸의 회복 호르몬이 왕성하다는 밤 11시부터 2시 사이에는 반드시 잠들려 노력했다. 패턴이 무너져 낮잠을 자고 싶어도, 밤의 깊은 숙면을 위해서 30분 안으로만 잠을 청했다.

셋째, 글을 쓰며 마음의 중심을 잡는다. 삶에는 오르막과 내리막이 있다. 일이 잘 풀려 자만심이 생길 때면 마음을 차분히 가라앉히기 위해 글을 쓴다. 흰 종이 위에 현재의 마음을 덜어내는 것만으로 마음의 안정감을 찾을 수 있다. 당시엔 실패라 여겼던 일이 시간이 흘러 기회가 되기도 하고, 사소한 일상이 예상치 못한 큰 기쁨으로 기록되기도 한다. 감정 일기를 쓰며 나는 오늘 하루를 건강하게 마무리하고, 내일을 다시 시작할 동력을 얻었다.

운동과 수면, 기록하는 일. 이 평범한 행위들은 모두 나를 건강하게 지키는 일이었다. 회복의 방법은 거창하지 않아도 된다. 내 힘으로 오늘의 나를 행복하게 만들 수 있다면 그것으로 충분하다. 각자의 삶 속에서 나만이 알아차릴 수 있는 나만의 회복 시스템은 무엇인지 한 번쯤 생각해보길 권하고 싶다.

# 삶의 가치를 높이는
# 읽고 쓰는 삶

내가 사는 동네는 책 읽는 동구라는 이름으로 책 읽기와 관련한 여러 지원 사업이 있었다. 사람들의 왕래가 잦은 푸른 산책길을 따라 책 전시회를 열기도 하고, 일반 시민을 대상으로 한 공모전도 열린다. 종종 열리는 책읽기에 관한 행사는 읽고 쓰는 삶을 이어가는 나에게 반가운 소식이었다. 22년 가을, 자주 지나는 길목에 걸린 강원국 작가 초청 강연 현수막을 보았다. 동네 행복 지원 센터에서 주민을 위해 준비한 자리다. 그때까지만 하더라도 작가라는 직업을 가진 사람을 직접 보고 이야기를 들어본 경험이 없었다. 작가가 되기로 한 이상 그 분야에 몸을 담고 있는 이들을 만나는 건 내게 의미 있는 일이라는 생각이 들었다. 책장엔 글쓰기, 책 쓰기를 위해 산 강원국 작가의 책도 두 권이나 있었다. 그즈음 『말하듯이 쓴다』라는 책을 읽은 지 얼마 지나지 않았던 때다. 기억하고 싶은 문장을 요약하고 필기하며 공부했던 책이라 사인 받을 생각에 들떴다. 좋은 기회였다. 그동안 경험하지 못했던 새로운 분야에 발을 디디려는 때, 어쩌면 끌어당김의 법칙처럼 주어진 좋은 기회라는 생각이 들었다. 강의 듣는 것뿐인데 설레는 마음이었다. 플래카드를 본 날, 곧바로 홈페이지에 들어가 강연을 신청했다. 퇴근 후 가방 속에 강원국 작가의 책을 넣고 10분 거리의 강연장으로 갔다.

사회자의 소개 진행에 작가가 단상으로 올라왔다. 다른 강연에 비해 일찍 자리를 채워준 청중들이 대단하고 감사하다며 운을 뗐다. 그때 들었던 강의의 전반적인 내용을 기억한다. 그만큼 듣는 내내 공감되고 삶에 적용하고 싶은 이야기였다. 강의 덕분에 글 쓰는 사람이 되려고 하는 내가 더 가치 있게 느껴졌다.

강원국 작가의 강연에서 인상 깊었던 세 가지 내용을 독자들에게도 전해본다.

첫째, 우리에게는 곧 백수의 시대가 온다고 했다. 어딘가에 소속되어 일하는 체제가 계속 이어지기보다 어떤 사람인지가 세상을 지배한다는 것이다. 곧 100세 시대가 당연히 이어질 것이고, 생산 유통을 대체해주는 로봇의 세상에 살고 있다고 했다. 백수의 삶은 우리 옛 양반들의 모습에서도 볼 수 있다고 했다. 돈을 벌지 않은 삶이 아니라, 고용 없는 성장이기도 하다. 지위를 얻는 일보다 나라는 사람을 연구하고 성장시키며 살아가는 건 이제 선택이 아닌 필수적인 일이라는 생각이 들었다. 글을 쓰며 살아가는 일은 내가 어떤 사람인지를 드러내는 최적의 일이었다. 좋아하게 된 일이 앞으로의 삶에도 많은 도움을 얻을 수 있을 듯한 기분에 뿌듯했다.


둘째, 읽고 쓰는 삶은 '통通하는 삶'과 일치한다는 점이다. 사람은 들은 만큼 말하고, 먹은 만큼 배설하며, 받은 만큼 덜어낸다. 인간의 삶 그 모든 것도 자세히 보면 잘 통해야 건강한 사회가 된다는 본질을 이해하게 되었다. 그러고 보면 받아들인 어떤 지식이 내 것이 되기 위해서는 타인에게 전할 수 있어야 한다. 듣고 말하고, 읽고 쓰고, 입력과 출력의 나의 세상을 순환하게 만든다는 단순하고 깊은 원리를 깨달았다. 책을 읽어온 시간을 떠올려보았다. 머릿속에 무언가 가득 차 답답하거나 금방 잊게 되는 경험도 많다. 그럴 때면 종이에 생각을 뱉어내고, 필사 등 나만의 속도로 소화하는 일은 마음을 시원하게 해주기도 했다. 읽은 만큼 쓰는 것, 작가의 삶에서 꼭 필요하고 당연한 순환이라는 것을 기억하기로 했다. 읽는 양보다 쓰는 양이 절대적으로 적으니 글쓰기가 늘 버겁고 저항감이 더 컸던 게 아닐까 했다. 글쓰기 양을 늘려야 할 이유였다.

셋째, 작가는 아픔을 무던하게 드러내는 사람이라는 것이다. 강원국 작가 또한 어린 나이에 어머님을 여의고 외가에서 살아왔다고 한다. 눈칫밥을 먹고 사는 게 생존을 위한 일이었다. 그 외에도 가볍지 않은 이야기를 무덤덤하게 있는 그대로 드러내는 작가의 모습이 인상 깊었다. 말할 수 있다는 것은 그로부터 갇힌 세상에서 벗어나 나름의 치유가 된 경험이라는 생각도 들었다. 나 또한 아무에게도 말하고 싶지 않았던 이야기들이 있다. 나를 인정하는 일은 그 이야기들을 무던하게 꺼낼 수 있을 때 시작할 수 있고, 누군가에게 위로가 되어 줄 수 있다는 생각이 들었다.

강연을 마무리하며 질의응답 시간이 가졌다. 대화를 나눠 보고 싶은 이유만으로 손을 들었다. 세 가지 질문을 했다. 1만 6천 개의 기록을 일기장에 적지 않고, SNS에 나누는 특별한 이유, 기록할 때 어떤 분류 기준, 글을 의식적으로 쓰는 일정한 시간이 있는지 물었다. 작가이기에 이름을 알리기 위해 메모를 쓰기도 하지만, 사람들이 보지 않은 SNS는 구독자가 8명 남짓하여 그냥 적어낼 때 쓰는 도구라고 했다. 누군가 내 글을 본다고 한들 신경 쓰지 않는다고 했다. 메모는 크게 지식과 정보, 생각이나 의견, 감상과 느낌, 경험, 본 것, 들은 것을 적어낸다고 했다. 글은 정해진 시간 없이 자투리 메모를 수시로 했다. 질문을 끝으로 강연이 마무리되었다. 가지고 간 작가의 책에 내 이름과 사인이 그려졌다. 줄을 서서 작가의 사인 받는 일도 나에겐 처음이었다.

노트에 빼곡히 적은 내용을 오랫동안 기억하고 싶었다. 강연에서 들은 내용들이 돌아오는 길 내내 머릿속을 맴돌았다. 배움에 감사했다. 작가의 삶으로 가는 과정에서 직접 만나고 가까이에서 그들의 언어를 듣는 건 성장하는 삶을 살아가는 데 동기부여가 되었다. 세상과 내가 어우러지는 순환의 삶, 그리고 나를 건강하게 만드는 읽고 쓰는 삶을 이어갈 이유와 의미가 충분했다. 작가를 꿈꾸지 않더라도 읽고 쓰는 삶은 누구에게나 삶의 가치를 높이는 일이 아닐까? 꾸준히 읽고 쓰며 오늘의 나를 다져간다.

# 아주 작은 습관이
# 더 나은 하루를

작은 습관 하나가 기분과 태도를 더 나은 방향으로 이끌 때가 있다. 아이를 키우면서 무심코 미루는 일이 많았다. 기상 후 이부자리를 개기, 물 한 컵 마시기, 물건을 쓴 뒤에 제자리에 놓는 일 등이다. 육아하다가도 어지럽혀 있는 방을 보면 한숨이 나오곤 했다. 흐트러진 아이의 장난감도 있지만, 이것저것 살펴보면 내가 쓰는 소품이나 물건들도 꽤 많았다. 집은 본래 편안한 곳이어야 한다. 종일 혼자 집에 있어도 시간을 잘 보내는 편이다. 그러나 편안함보다 청소할 일들이 먼저 눈에 들어오는 날은 쉬고 싶은데 또 치워야 한다는 생각에 기운이 빠졌다.

주말이었던 어제도 그러했다. 집에 있는데 갑자기 잡힌 약속에 나갈지 말지 고민했다. 더러운 집안 상태 때문이다. 거실이며 주방이며, 아이 방, 빨래, 토요일에 다녀온 여행 짐 정리까지…. 내일이면 다시 월요일이다. 다녀와서 바로 쉬지 못하고 청소하다가 또 늦게 잘 것이 뻔했다. 그렇다고 약속에 나가지 않고 집에 있으면서 오후 내 청소하며 보내고 싶진 않았다. 함께 가자는 신랑의 말에 마지못해 옷을 입고 집을 나왔다. 외출 후 집으로 돌아왔다. 바깥바람도 쐬고, 맛있는 음식도 먹고 와서 기분 전환되었다. 이제 온 가족이 힘을 합쳐 정리할 시간이다. 신랑과 나, 아이 각자 어지럽힌 물건들을 정리하며 빨래도 개고 집안일을 함께 했다. 청소를 시작하며 먼저 하는 일은 내가 곧바로 정리하지 않은 물건들을 제자리에 가져다 놓는 일이었다. 연고, 벗어 놓은 옷들, 책상 위에 늘어놓은 책들…. 특히 집에서 시간을 더 많이 보내는 아이와 나는 공동의 집안일 보다 개인적인 물품을 정리할 게 많았다. 괜히 아이에게 쓰면 바로바로 정리하라는 뻔뻔한 잔소리까지 덧붙인다. 깔끔하게 정돈된 거실과 안방, 업무 방을 보니 마음이 한결 가볍고 상쾌했다. 쭉 이 상태면 좋으련만 내일 오후가 되면 다시 선반 위에 올려져 있을 물건들이 눈에 훤했다.

청소를 마무리할 때마다 내 작은 습관을 되돌아보게 된다. 누군가 정리해준다면 인식하지 못했을 것이다. 아이를 양육하는 과정에서도 이런 작은 습관 하나가 순간순간 만나는 기분과 태도를 결정하게 된다는 생각이 들었다. 외출 준비하다가도 어디에 두었는지 생각나지 않아 이 방 저 방 돌아다닌다. 옷 서랍을 뒤지다가도 안쪽에 있는 옷가지들까지 튀어나와 서랍이 닫히지 않을 때도 많다. 이부자리를 개고, 아침에 일어나 양치하고 레몬 물을 마시는 일은 내 건강을 챙기는 일도 미루기 일쑤였다.

변화는 작은 습관으로부터 시작되는 것을 느꼈다. 매일 잠들기 전에 쓰는 다이어리에 아주 작은 습관 한 가지를 적어 실천해보기로 했다. 아침에 일어나 이부자리를 개는 일부터다. 익숙하지 않았지만, 일어나자마자 이불을 개고, 베개를 정돈했다. 일 분도 채 걸리지 않았다. 삼일 정도를 실천하니 매일 저녁 나에게 편안한 쉼이 되는 자리에 감사한 생각이 들었다. 작은 행위지만 나를 챙기는 기분이 들었다. 학교 다닐 때 매일 엄마가 정리해주셨던 수고스러움에 감사한 마음이 들기도 했다. 습관이 되려면 자각이 먼저였다. 그리고 먼저 일종의 의식처럼 행동하는 것이 필요했다. 방법은 알고 있지만 몸에 익숙하지 않기에 그냥 넘기는 일이 다반사였다. 양육하는 시간에 있어서 손이 많이 가서 하지 못하고 쌓인 일들이 불평으로 새어 나올 때가 있었다. 'ㅇㅇ하느라 물 마실 시간도 없었네, 정리할 게 너무 많아.'라고 투정했다. 나의 습관이 낳은 결과였다.

『아주 작은 습관의 힘』이라는 책에서는 성공은 일상적인 습관의 결과라고 말한다. 그동안 식습관이 쌓인 결과는 내 몸에 드러나고, 학습 습관은 지식에서, 청소 습관은 방안의 잡동사니들이 증명한다고 했다. 틀린 말 하나 없었다. 작은 습관이 쌓여 현재의 나를 만들어 왔다. 가장 사소한 습관부터 바로 잡아야 했다. 이부자리를 개던 작은 행동처럼 바쁘게 느껴지는 일상에서도 나를 먼저 챙길 수 있는 사소하지만 매일 지킬 수 있는 습관은 무엇인지 생각했다. 친구가 나에게 선물해 준 레몬즙이 떠올랐다. 아침에 일어나 양치하고, 레몬즙과 유산균 먹는 습관을 만들어보자고 다짐했다. 아침 레몬차 한 잔과 이부자리를 개는 사소한 습관 하나는 더 좋은 습관을 잇는 힘이 되었다. 해야 할 일을 빨리 해치우려는 마음은 감정에 대한 에너지 소모도 컸다. 그러나 과정을 쪼개 미루지 않고 습관이 되어 선택한 일들은 나를 지치게 하지 않고, 불평불만을 줄였다.

습관이 되기 위한 나만의 세 가지 공식을 세우기도 했다. 좋은 습관을 형성하기 위해서는 첫째, 쉽고 단순해야 한다. 둘째, 앞의 행동과 이어지게 만든다. 셋째, 30일 이상 그 행위를 찍어 기록한다. 레몬 물을 마신 지 3년이다. 레몬 물을 마시고, 양치하고 영양제를 챙겨 먹는 것만으로 건강한 아침이 되었다. 누군가가 꼭 챙기는 습관이 있는지 물어보면 자신 있게 말할 수 있다. 최근에는 비움 하는 습관을 이어가고 있다. 하루에 한 바구니 정도의 양만 비울 물건을 담아 사진으로 남기고 있다. 두 달이 넘어가는 시점. 쉽고 단순하게 그리고 매일 사진을 찍어 기록했다. 큰 힘 들이지 않고, 쌓이는 물건들을 정리하는 습관으로 이어지고 있다.

자기 계발을 이어가면서 이러한 작은 습관이 얼마나 중요한지를 느낀다. 행동하는 과정에 집중하는 일이 다음 해내야 할 일들에 대해 지속 가능한 단단한 힘을 만들어 주었다. 작은 습관 하나하나 더해질수록 나의 하루는 더 풍요로워진다. 매일 실천한 작은 일이 쌓여, 그보다 더 큰 다음 단계의 성장을 시도하고 이룰 수 있게 된다.

# 현재를 사는
# 3가지 기록 방법

몸은 자꾸만 게을러져 가는데, 마음 한구석에서는 끊임없이 더 나은 사람이 되고 싶었다. 무얼 하면 좋겠다는 생각만 한 채 행동하지 않았던 것은 나의 욕심이었다. 그 욕심을 덜어내지 못한 만큼 마음은 부정적인 생각으로 가득 찼다. 2장에서 말한 내 안의 이야기들을 쏟아내고 비워내는 시간을 가졌다. 일상 이야기를 기록하는 습관이 이어지면서 기록하는 방법에도 나만의 노하우가 생겼다. 의미 없이 주말만 기다리던 일주일에서 하루하루 나만의 계획을 실행으로 바꾸는 일이 재미있어졌다. 오늘을 충실히 살아갈 수 있도록 도와준 기록이다. 어떤 일이든 나답게 하면 된다는 믿음을 주었다. 어떤 선택이 더 나은지 고민하기를 멈추고, 내가 선택하는 일을 일단 시도해보며 나다움을 찾아가는 든든한 멘토가 되었다. 나만의 세 가지 기록 방법은 다음과 같다.

첫째, 노트에 책 내용을 필사했다. 매일 독서를 한 후 기억하고 싶은 문장을 노트에 적었다. 오늘 하루를 보낼 지혜였다. 처음 필사를 시작하게 된 계기는 귀중한 책을 오랫동안 기억하고 싶어서였다. 그때 당시 SNS에는 하루 한 권을 읽고 인증하는 사람들도 있었다. 빠르게 한 권을 읽어내는 것도 모자라 서평까지 뚝딱 적어내는 게 신기했다. 반면 나는 책을 다독하거나 빠르게 읽는 편은 아니었다. 덕지덕지 붙은 포스트잇은 많았지만, 한 번 더 열어보는 경우는 드물었다. 한 권의 책을 나만의 방법으로 총 세 번 읽었다. 처음은 포스트잇을 붙였다. 두 번째는 포스트잇을 붙인 부분만 다시 펼쳐 읽었다. 그 부분 중에서도 꼭 기억하고 싶은 문장을 필사 노트에 적었다. 두 번에 걸쳐 내가 선택한 문장이 필사 노트에 채워지는 게 뿌듯했다. 기억에도 오래 남았다. 한 자 한 자 정성 들여 쓰는 과정이 내가 고른 한 문장을 사유하며 읽기에 충분했다. 여러 가지 독서법에 관심을 가지게 되면서,

최승필의『공부 머리 독서법』이라는 책도 읽게 되었다. 문해력에 관한 책이다. 필사는 아이 어른과 상관없이 가장 빠르게 어휘력을 신장시키고 문해력을 올리는 일이라고도 했다. 복직한 이후에는 평소보다 여유롭게 책을 읽고 적는 시간이 적어졌다. 일과 중 틈새 시간을 노렸다. 아이 등원 버스를 태워 보내고 남은 출근 10분 전을 활용했다. 내 것으로 만들고 싶은 하루 한 문장에 집중했다. 필사 노트에 적은 문장을 출근길에 떠올리며, 하루의 지혜로 삼았다. 긍정적인 마음을 가지는 데 도움이 되었다. 직장 안에서 고민되는 일, 인간관계에 있어서 사소하지만 불편한 일에 대해 필사 노트에 적은 문장을 떠올리며 마음을 다잡았다. 누군가에게 조언을 건네다가도 되돌아보면 말실수를 한 건 아닌지 고민이 될 때가 있다. 조언을 건네는 방식에도 배려하는 방법을 배우고 적용하니, 인간관계도 한결 편안해졌다. 필사 노트 덕분이다.


둘째, 생각 일기를 적었다. 좋은 생각과 글은 더 좋은 마음을 마음에 담게 했다. 머릿속에 가득 찬 생각을 종이에 꺼내 보는 것만으로도, 내가 무엇을 할 수 있는지, 먼저 해야 하는

지 인식할 수 있었다. 실천하지 못하는 일과 그렇지 않은 일에 대해 불안을 느끼고 아니고의 차이는 기록에 있다는 걸 깨달았다. 생각은 금방 사라진다. 누구든 좋은 생각과 마음을 오래 가지고 있길 원한다. 행복한 순간 생각을 기록에 남기는 일은 그것을 가장 오래 간직할 수 있는 유일한 방법이었다. 언제든 다시 열어볼 수 있는 반짝이는 내 아이디어도 내가 원하는 삶을 현실로 만드는 첫 단추라는 생각이 들었다. 꿈이 현실이 되려면 내가 원하는 삶을 꿈꾸라고 말한다. 시중에 '꿈 노트'라는 수첩도 흔치 않게 볼 수 있다. 기분 좋은 상상은 행동할 수 있게 만드는 힘이 있었다. 흩어진 메모 조각들이 하나의 이야기로 완성이 될 때, 나만 느껴지는 뿌듯함도 행복했다. 생각 일기는 나의 성장 지도였다.

마지막 셋째, 일과 계획 다이어리다. 매일 밤 잠들기 전 다이어리를 펼친다. 계획했던 일을 실천했는지 되돌아본다. 부족한 부분이 있으면 내일의 계획 속에 리스트를 추가한다. 육아에 관해, 일에 관해 실천 후 얻은 결과에 대한 부분을 다이어리 왼쪽 아래에 남겨둔다. 예를 들어, 공부방 홍보 후 수강

생 등록, 아이가 나에게 전해준 말, 계획을 통해 얻은 성과 등이다. 그리고 실천한 일을 빨간색 사인펜으로 동그라미 치는 시간을 가진다. 통쾌하다. 계획이 실행된 것을 스스로 칭찬하는 일이다. 다음으로 다음 날을 계획한다. 가장 중요한 일을 다이어리 상단에 적는다. 오른쪽 아래에는 시간이 남을 경우, 해두면 좋은 일을 적는다. 아침 기상부터 저녁까지 시간대로 나누어서 해야 할 일을 적는다. 중간중간에 공란을 남겨 휴식 시간이나 예상치 못한 일을 처리할 수 있도록 한다.

3년 전부터 2024년 9월까지 매일 일과를 되돌아보고 다음 날을 계획한다. 내 하루를 구조화하는 것만으로 오늘을 충실히 살아올 수 있었다. 성장에는 내게 주어진 오늘을 어떻게 보내느냐가 중요했다. 계획적인 삶을 통해 많은 일을 해내기도 하지만, 스스로 생각하고 행동하는 능동적인 삶을 살아갈 수 있게 해주었다.


필사 노트, 생각 일기, 다이어리 내 성장의 모든 변화는 기록과 메모로부터 시작되었다. 필사 노트로 지혜가 되는 이야기들을 담아냈다. 생각 일기로 성장의 씨앗을 모았고, 다이

  엄마의 오늘 시스템

어리로 실행하게 되었다. 내 행동이 되는 하루하루가 만들어졌다. '교육은 결국 행동을 위한 것이다.'라는 명언을 좋아한다. 누구든 무엇이든지 기록할 만한 일이 있고, 그 기록은 오늘을 충실히 살아가는 행동과 내일의 성장이 되지 않을까? 기록하는 만큼 성장이 된다고 믿는다.

# 라곰의 문화로
# 최적의 삶을 배우다

쉼 없는 일상에 지칠 때쯤 오랜만에 만난 친구에게 두 권의 책을 선물 받았다. 그중에서도 하늘색 겉표지에 쓰인 『라곰(스웨덴식 행복의 비밀)』이라는 제목에 손이 갔다. '라곰'이라는 단어는 처음 들어봤다. 스웨덴의 행복이란 무엇일지 호기심이 생겼다. 나라마다 행복을 추구하는 방식과 사람마다 느끼는 행복의 온도도 다르다. 책 초입, '가장 큰 도움은 스스로에게서 온다'라는 스웨덴 속담이 눈길을 끌었다. 자기 계발을 시작하면서 삶의 기준을 타인이 아닌 내 기준에 두고 살아야 한다는 걸 배웠다. 이 속담 역시 행복은 '나'로부터 시작되어야 하고, 그 힘이 공동체적으로도 이상을 이룰 수 있는 삶이 된다는 철학을 담았다. 한 사람의 건강한 잠재력이 마음껏 성장하고 나아갈 때 그것이 사회 전체에 기여할 수 있다는 것이다. 라곰에서 특히 강조한 것은 '적당히'라는 의미였다. 이는 우리가 쉽게 정의할 수 없는 개개인의 어느 정도를 뜻했다. 감정도 여러 가지가 있듯이 사람마다 만족의 정도가 다름을 표현한다. '나에겐 이쯤이면 됐어.'라는 적당한 선이 개인의 여유와 행복을 지키는 일이었다. 나의 '적당히'와 타인의 '적당히'의 선은 다를 수 있으며, 그를 인정하며 함께 살아가는 것이 함께 성장을 이끈다는 의미는 내게 꼭 필요한 말이었다. 그 밖에도 스웨덴의 문화는 적당한 휴식과 자연과 상생하며 사는 삶, 지속 가능 자원 등을 실천하고 노력하고 있었다. H&M같은 의류 브랜드에서 옷을 재활용하여 새 옷을 만들어내는 캠페인 또한 스웨덴에서 시작된 움직임이라는 것도 알게 되었다.

'스스로 잘 산다는 건 무엇일까?'

라곰의 삶을 책으로 간접 경험하며 나를 되돌아보는 세 가지 질문을 던졌다.

첫째, '나는 적당한 휴식을 하며 살아가고 있는가?'

오늘을 잘 살기 위해서는 휴식 또한 소중한 시간임을 깨닫게 되었다. 내가 원하는 삶의 방향으로 나아가는 여정에서는 적당히라는 의미보다는 더 나은 내가 되기만을 원했던 건 아닐지 생각이 들었다. 쉼은 나만의 속도로 더 멀리 갈 수 있는 충전과도 같았다. 라곰의 삶에서 적당한 휴식의 의미는 정신을 씻어내는 일이었다. 쉬지 않았다고 말할 순 없지만, 쉼이 실패와 멈춤이라는 생각에 쉬어도 마음이 불편했다. 성격이 급한 나머지 생각대로 모든 계획을 완벽하게 세우고 결과를 빨리 얻고 싶어 하며 마음만 바쁘던 때가 많았다. 긴장하는 마음을 내려두고, 의식적으로라도 휴식을 가지는 건 오히려 일의 능률과 나만의 속도로 성장을 이룰 수 있는 방식임을 깨달았다. 라곰에서 말하는 이기적 휴식을 통해 내 몸과 마음의 소리를 기울여야 한다는 필요를 느꼈다. 이제는 매일의 계획에 휴식 시간을 꼭 적어 넣고 있다. 제시간에 일을 다 끝마치지 못하더라도 마감을 되도록 지킬 수 있도록 노력한다.

둘째, '지속 가능한 삶의 목표를 가지고 있는가?'

나의 성장 목표에 대해 다시 생각해보게 했다. 그리고 나

 엄마의 오늘 시스템

아가 사회에 어떤 의미가 되는지 떠올려보았다. 불안이 성장이 되길 원하는 누군가에게 내가 할 수 있는 작은 도움은 글을 쓰는 일이었다. 부족함이 많지만 나를 위해 그리고 나아가 누군가를 위한 성장의 움직임은 매일 조금씩 더 좋은 방향으로 나아가고 있다며 믿었다. 즉 내가 이루고자 하는 목표와 결과가 아닌 지속 가능한 가치가 있는지를 생각했다. 목표를 이루고 나면 그다음에 무엇을 해야 할지 고민될 때가 많다. 그럴수록 더 멀리 보며 나아가는 삶을 살아야겠다는 생각이 들었다. 남을 돕기 위한 일처럼 선한 발전의 가치를 두는 사람이 되고 싶었다.

셋째, '잘 산다는 것 의미는 무엇일까?'

자신을 스스로 돌보지 못했다. 정확히 말하면 나를 잘 알지 못했다. 타인이 걸어가는 목표에 똑같이 집중하기도 했다. 내가 어떤 사람으로 살고 있으며, 어떤 방향으로 살고 싶은지에 대한 물음에 깊이 생각해 본 적이 없었다. 그러나 이제는 안다. 나다운 것이 가장 행복한 일이라는 것을 라곰의 삶을 통해 되새긴다. 쉼 없이 달려오거나, 멈춰있었던 시간을 떠올리며 오늘의 나를 새롭게 발견한다. 나다움으로 살아가려고 한다. 만족의 기준을 끊임없이 오늘의 나에게서 찾고, 발견해가며 사는 것이 세상을 잘 살아가는 일 아닐까?

라곰의 '적당히'라는 문화는 내 바쁜 하루의 마지노선을 정하게 도왔다. 나다운 속도로 나아갈 수 있게 한다. 타인에겐 관심 두는 일은 축하하고 위로하고 응원해 줄 뿐이었다. 타인도 역시 내가 무얼 하든 내 삶을 판단할 수 없다는 사실을 깨달았다. 만족하는 삶, 내 주변 사람들 모두 행복하면 좋겠다. 30대 중반, 위 세 가지 질문으로 내가 걸어온 길을 되돌아본다. 시간은 모두에게 평등하게 주어졌다. 그 시간을 얼마나 나에게 최적화하여 살고 있는지 확인하는 계기가 되었다. 개개인의 행복은 분명 타인을 나아가 사회와 세계를 행복하게 만드는 일이 분명했다. 최상보다는 최적의 삶을 추구한다. 이 책을 선물해 준 친구 HK에게 더 고마운 하루다.

# J답게,
# 그러나 유연하게

　사람들은 종종 MBTI 성격 유형을 묻는다. 통계적인 수치가 과학적인지는 모르겠지만 얼추 상대방의 분위기와 맞아떨어질 때도 있다. 나는 INFJ 유형이다. 인터넷 검색 결과에 보면 '선의의 옹호자'라고 한다. 각 알파벳에 담긴 상세한 뜻은 몰라도 내향형을 뜻하는 'I'와 계획형 'J'는 확실하다. 내 성장은 다이어리를 적는 데에서 시작됐다. 중고등 시절에도 학습 계획을 세우는 일을 좋아했다. 엄마가 된 이후, 나만의 시간을 확보하기 위해 다시 다이어리를 펼쳤다. 어떤 하루든 내가 주체가 되어 선택한 일상을 만들고 싶었다. 그러나 계획을 세운다고 해서 1년 365일이 매번 보람찬 건 아니었다. 촘촘하게 짠 시간표대로 움직이는 날이 있기도 했지만, 로봇처럼 계획이 행동으로 딱 맞아떨어지는 날은 드물었다. 계획과 실행 사이 과정을 매끄럽게 메워가는 노하우를 터득하는 게 우선 목표였다. 삶은 통제할 수 있는 영역이 아니기에 나라는 사람을 깊이 이해하며 최적화된 하루 시스템을 만들어왔다.

고비를 넘길 때마다 배움은 깊어진다. 가장 큰 실패는 실패조차 하지 않는 것이라는 말도 있다. 계획을 전혀 지키지 못한 날고 있고, 어제와 다른 방식으로 계획을 수정한 적도 있다. 하지만 일단 계획을 종이에 옮겼으니 시도는 한 셈이다. 그 작은 시도들이 쌓인 다이어리는 매일을 살아가는 나에게 든든한 친구가 되었다. 특히 일상을 기록하며 깨달은 점은 하루를 좌우하는 건 컨디션과 감정이라는 사실이다. 사람마다 에너지를 쓰는 방식은 다르다. 체력이 강한 편은 아닌 나에게 몸과 마음의 평온을 유지하는 건 어려운 과제였다. 그러나 계획은 자기 조절 능력을 높일 수 있도록 도왔다. 무조건 참고 견디는 인내심만을 뜻하지 않았다. 내가 어느 정도의 역량을 가진 사람인지, 일의 처리 속도와 실천의 수

준은 어떠한지를 객관적으로 파악할 수 있었다. 계획과 실천의 흔적을 남기며 내가 감당할 수 있는 능력의 범위를 알아차릴 수 있었다.

나로서 살아가는 계획의 핵심은 하루를 유연하게 설계하는 것이다. 시중에는 많은 종류의 다이어리가 있지만 제품에 나를 맞추기보다 나만의 기록 방식을 정하는 게 중요했다. 체크리스트가 많은 다이어리보다 단순하게 줄 노트로 된 다이어리를 선택해 쓴다. 4년째 해마다 같은 다이어리를 사서 쓰고, 가끔은 컨디션에 따라 다음과 같은 전략적 계획을 세우기도 한다.

첫째, 아무것도 하고 싶지 않은 날이다. 일상에 쏟을 에너지를 다 써버린 듯한 기분이다. 내가 해온 일들이 무슨 의미가 있는지 회의감이 몰려오고, 간단한 집안일조차 귀찮아질 때가 있다. 몸이 나에게 보내는 신호다. 머릿속은 완벽을 원하지만, 몸은 따라주지 않는 날. 이럴 때는 해야 할 일의 목록을 잠시 덮고, 오직 이미 한 일에 집중한다. 일단 몸을 움직여 가장 신경 쓰이는 간단한 일부터 해낸다. 밀린 세탁물을 돌리거나 설거지를 마치고 휴식을 취한다. 달콤한 낮잠을 즐기며 오늘은 쉬어가자고 다독였다. 하루를 마무리하며 미처 하지 못한 일이 아닌, 해낸 일을 칭찬하며 한 일을 기록한다. 잠시 멈춰야 할 때도 있음을 인정하는 하루다.

둘째, 반대로 남다른 에너지가 솟는 날이다. 모든 일을 다 해치울 수 있을 것 같은 의욕이 넘치는 날이다. 연이어 떠오르는 아이디어가 새로운 시도를 부추길 때다. 하지만 이런 날도 경계가 필요했다. 과한 열정은 호기심에 이것저것 일을 벌이게 되고, 다음 날 나에게 큰 부담으로 돌아오기 때문이다. 매일 같은 에너지가 주어지는 건 아니라 남은 시간은 휴식과 여유를 즐기는 기회로 활용한다. 어떤 성과가 좋은 날 역시 들뜨기보다 겸손하게 마음을 다스리려 노력한다.

셋째, 하고 싶은 것은 많지만 마음만 바쁜 날이다. 목표가 분산되어 우선순위가 흐려질 때가 있다. 여러 가지 일을 동시에 하니 뾰족한 목표와 멀어졌다. 방향을 잊은 채 기계적으로 일상에 매몰되면 정체성마저 흐릿해진다. 정체성이란 실재함과 반복함이 합쳐진 의미다. 나의 본질과 맞는 방향을 찾아가기 위해 다이어리에 형광펜을 긋기 시작했다. 일의 우선순위를 체크한다. 그럼에도 무엇부터 해야 할지 고민이라면 가장 쉬운 일부터 가볍게 실행했다. 아무것도 하지 않을 때 마음은 더 바빠지지만, 작은 성공 경험 하나가 마음을 가장 빠르게 진정시킨다.

이처럼 매일 마주하는 하루지만 컨디션과 감정에 따라 다른 오늘을 살아갈 힘을 기른다. 스스로 몰아세우거나 자책하기보다 내 몸과 마음의 리듬에 맞는 일과를 찾아간다. 계획에 갇히는 삶이 아닌, 계획을 통해 주체적이고 자유로운 삶을 살아간다.

# 오늘도
# YES 루틴

『역행자』라는 책을 읽었다. 우주의 순리대로 사는 사람들을 '순행자'라고 표현한다. 반대로 역행자는 본능의 지배를 벗어나 새로운 삶을 살게 된다고 했다. 저자는 '역행자'의 길이 우리의 발전을 이끌어준다고 말했다. 역행자가 되는 방법은 무엇일까? 자신의 고정된 사고와 관념, 의식을 깨는 것이다. 일의 실패 원인을 타인에게 찾거나 나는 이런 사람이라 안된다고 한계를 긋는 태도는 성장을 가로막는 큰 장애물이다. 실패가 당연하다는 실망보다 배움과 노하우를 얻기 위한 디딤돌로 삼는 용기가 필요함을 전한다.

지나온 시간을 되돌아보니 나 역시 흘러가는 대로 살아온

'순행자'이다. 변화에 쉽게 다가가지 못하고 머릿속으로 계산만 했다. 독서를 통해 신념을 조금씩 바꿔왔지만, 대게 머리로만 이해할 뿐 행동으로 크게 바뀔 만큼 과감하게 시노하시는 못했다. 진정한 도약은 실행력에 달려 있다는 것을 실감했다.

실행력을 위해서는 시간 관리와 습관 변화가 필요했다. 나의 일상을 냉정히 보았을 때 수시로 핸드폰을 확인하는 일이 문제였다. 습관적인 사용을 줄이려고 마음먹었지만 쉽지 않았다. 휴식이라고 믿었던 시간은 작은 액정을 들여다보는 데 썼다. 몇 시간 보지 않다가도 시간이 지나면 보상 심리에 한참을 보고 후회했다. 문제를 해결하고 싶어서 최소한 보지 않았으면 하는 시간부터 정했다. 가을 겨울이면 기상 시간을 더 앞당겨 자기 계발 시간을 가진다. 알람이 울리면 즉시 기기를 끄고 거실로 나가는 규칙을 세웠다. 다이어리에도 핸드폰을 보지 않기보다 알람을 끄고 거실로 곧장 나오기라는 행동 지침을 적는다. 하나의 행위 뒤에 바로 이어질 다음 동작에 집중하며 의도적으로 작은 루틴을 이어왔다.

시간을 확보하는 것만큼 중요한 것은 일어나자마자 무얼 하느냐였다. 세계적인 자산가들이 실천하는 아침 습관을 적용해보기로 했다. 『부의 해답』의 작가 존 아사라프는 인간이 가진 가장 큰 축복은 선택이라고 했다. 우리가 습관적인 삶보다 의도적인 삶을 살아가야 할 이유였다. 눈을 뜬 아침부터 잠자리에 누울 때까지의 하루는 오로지 내 선택에 따라 만들어지는 시간이다. 일상 전체를 한 번에 바꿀 수 없지만, 작은 행동은 실천하기 쉽다. 존 아사라프가 제안한 루틴 중에 세 가지를 골라 적용했다. 눈을 뜨자마자 미소 짓고, 깊게 심호흡하며, 물 한 잔을 마시는 일이다.

이후 나의 아침은 정교한 흐름을 갖는다. 거실로 나와 따뜻한 레몬차를 준비하고, 차가 식을 동안 양치한다. 유산균을 먹고, 사과 한 알을 깎아 레몬차와 함께 컴퓨터 앞에 앉는다. 수면이 부족한 날에는 무리하게 일하기보다 명상으로 휴식을 취하고, 1분 플랭크로 몸을 깨운다. 30분도 채 걸리지 않는 이 작은 의식들이 하루 전체의 안정감을 준다. 덕분에 아침 시간만큼은 습관적으로 스마트폰을 들여다보는 행위를 줄

 엄마의 오늘 시스템

일 수 있었다. 나만의 저녁 루틴 또한 소중하다. 바로 하루를 복기하는 시간이다. 다이어리에 적은 계획들에 빨간색 사인펜으로 동그라미를 치는 순간이 늘 좋다. 실행하지 못한 일들이 많을 때도 있지만, 실패하더라도 기뻐하라는 누군가의 말처럼 다음 날 계획으로 넘긴다. 목표는 결과가 아니라 시도 자체에 있다. 시도를 통해 나아가는 일이 곧 성장이었다.

매일 아침과 저녁 나만의 규칙인 루틴은 안정감을 준다. 간단하지만 실행력을 쌓아준다. 한 달에 한 번 달력에 우선순위로 이루어야 할 목표를 세운다. 현재 최우선 목표는 개인 저서의 퇴고다. 건강 루틴 후 곧바로 컴퓨터 앞에 앉아 집필을 이어가고 있다.

아주 작은 일을 루틴화 하고, 결과보다 과정에 집중하며, 행동과 행동을 잇는 설계. 이것이 나를 성장시키는 방법이다. 팀 페이스의 『지금 하지 않으면 언제 하겠는가』라는 책의 문구가 떠오른다. 이 세상의 최고의 인재는 자기 자신이라는 것. 내 안의 잠재력을 발굴하기 위해 실천할 수 있는 수준의 목표로 시도한다. 오늘도 주어진 하루에 가치 있는 작은 루틴을 더하며 엄마로서, 그리고 작가로서 성장한다. 스스로 생각하고, 선택하고, 행동하며 오늘도 YES 루틴!

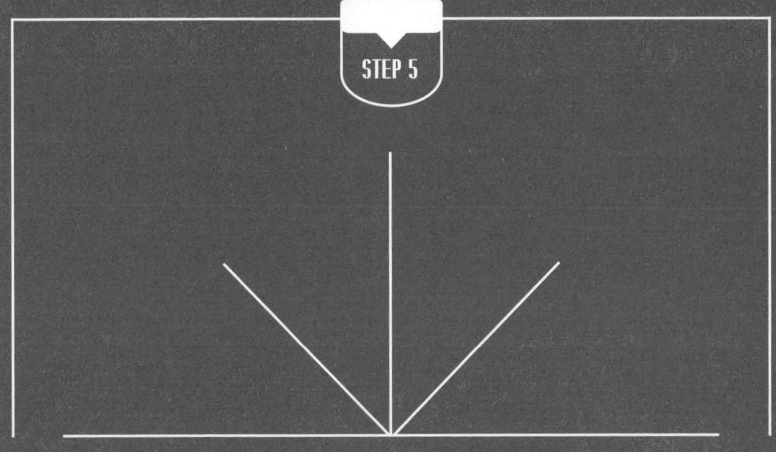


# 엄마의 성장이 아이에게 닿을 때

아이를 키우며, 나도 함께 자란다

# 완벽한 엄마보다,
# 성장하는 엄마

2024년 봄, 공부방 홍보를 위해 전단지를 제작했다. 봉투에 일일이 담아 넣는 일을 남편과 딸이 도왔다. 식탁에 둘러앉아 나는 봉투에 스티커를 붙이고, 남편은 홍보물을 접었다. 딸은 고사리 같은 손으로 홍보물을 봉투에 넣으며 나와 이야기를 나눴다. 그러던 중 아이는 나에게 이런 말을 건넸다.

"엄마, 나는 딸을 낳으면 외할머니가 정말 멋졌다고 꼭 말해 줄 거야. 엄마는 무엇이든 열심히 하고, 이런 멋진 일도 하니까."

부족한 엄마의 자리를 멋지게 봐주는 아이의 말이 놀랍고 고마웠다. 나를 위한 성장의 시간이 아이에게도 전달되고 있었던 걸까. 일을 시작하기 전, 나는 엄마로서 잠시 멈춤의 시간을 가졌다. 하지만 돌이켜보니 그 시간은 사실 멈춤이 아니라, 내 안을 돌보고 앞으로 나아가기 위해 에너지를 회복하는 귀한 시간이었다.

그 시간을 통해 무언가에 몰입하고 공부하며 성장에 집중했던 이유는 좋은 엄마가 되고 싶다는 마음이었다. 아이를 더 잘 이해하고 싶어서 책과 인터넷을 뒤지며 완벽한 육아를 꿈꿨지만, 정작 내 마음속 결핍은 보지 못했다. 아이가 바라는 건 완벽한 정답을 가진 엄마가 아니라 함께 배우고 성장하며 삶을 즐기는 엄마의 모습일지 모른다. 엄마가 행복해야 아이도 행복할 수 있다는 당연한 진리. 아이는 이미 나를 응원하고 있었다. 만약 엄마 성장이라는 가치를 만나지 못했다면 지금처럼 만족스러운 삶을 살지 못했을 것이다. 육아서로 시작한 독서는 자기 계발서로 이어졌고, 가장 좋은 육아란 아이와 함께 성장하는 엄마가 되는 일이라는 나만의 정의를 내릴 수 있었다.

나에게 엄마의 성장이 만족감을 주었던 이유는 세 가지다.

첫째, 만족스러운 육아의 끝은 엄마의 성장임을 알게 되었다. 좋은 엄마의 기준을 외부에서 찾지 않고 나만의 성장을 일궈가는 과정 자체도 육아였다. 아침에 일어난 아이가 책 읽는 엄마의 모습을 보고, 도전을 즐기는 태도를 보는 것만으로 아이는 충분히 배울 수 있지 않을까. "널 위해 이만큼 노력해 준비했어."라고 말하는 엄마보다 "엄마가 예전에는 못했는데 포기하지 않고 하다 보니 되더라!"라며 성장의 기쁨을 나누는 엄마가 될 수 있었다.

둘째, 막연한 불안에서 해방되었다. 불안은 보이지 않는 미래에서 온다. 삶의 가치를 찾아 작은 일이라도 시도하니 두렵기만 했던 40대, 50대의 내 모습이 조금씩 선명해졌다. 내면을 채우고 단단해질수록 아이가 도움이 필요할 때 더 지혜로운 조언을 해줄 수 있다는 확신이 생겼다.

셋째, 현재에 머무르며 오늘을 즐기게 되었다. 스스로 계획하고 실행하고 있다. 오늘을 잘 살면 내일도 앞날도 좋을 수밖에 없다는 믿음을 얻었다. 어려움은 내가 딛고 일어서며 단단하게 만드는 선물이라고 받아들일 수 있다. 과거를 탓하거나 미래를 걱정하는 대신, 주어진 하루에 감사하며 행복을 찾는 일이 세상에서 가장 쉬운 일이 되었다.

육아를 시작하며 정체되어 있던 나의 세상이 다시 커지고 있다. 이제야 온전히 내 삶을 살아가기 시작한 초보일지 모르지만, 이 성장이 나와 가족 모두에게 긍정적인 힘이 될 것이라 믿는다. 아이를 잘 키우고 싶은 마음은 내가 성장할 수 있는 기회가 되었다. 가끔은 다시 완벽이라는 함정에 빠져 스스로 채찍질하는 때가 찾아올지 모른다. 하지만 그럴 때마다 고사리 같은 손으로 전단지를 접으며 나를 칭찬해준 아이의 말을 떠올릴 것이다. 결과로 증명하는 엄마가 되기보다 끊임없이 과정을 즐기는 엄마가 되려 한다. 오늘도 책장을 넘기고 계획을 세우며 나의 세상을 살아간다. 완벽하지 않아도 성장하는 엄마라면 아이도 나도 행복할 수 있다.

# 아이와 나 사이의
# 적당한 거리

엄마 성장의 시간은 아이와 행복한 일상을 지켜나가는 일이기도 했다. 늘 마음속 숙제로 남아 있는 것은 통제하지 않는 엄마가 되는 일이었다. 불안함이 높은 사람은 무엇이든 통제함으로써 그 불안을 잠재우려는 경향이 있다고 한다. 자기 계발을 통해 나만의 시간을 누리는 덕분에 아이가 스스로 커갈 수 있는 공간을 갖게 주었다는 생각이 들었다. 유아교육 이론 중에는 '비고츠키'의 근접발달영역(ZDP)라는 개념이 있다. 아이가 혼자서 과제를 해결할 수 있는 수준과 타인의 도움을 받아 해결할 수 있는 수준 사이의 공간을 뜻한다. 양육자는 이 간격을 세밀하게 살피며 아이를 이끌어주어야 한다는 이론이다. 아이가 성장하며 자기만의 세계를 넓혀갈

수록, 엄마와 아이 사이에도 적당한 공간이 필요하다는 것을
깨달았다. 무엇이든 도움을 주는 엄마가 아닌, 내 삶에도 집
중함으로써 아이가 스스로 채워나갈 성장의 여백을 남겨주
는 엄마가 되고 싶었다.

　물론 자기 계발과 육아 사이의 균형을 잡는 데는 적응의
시간이 필요했다. 시간이 갈수록 제한된 시간 안에 일을 처
리해야 한다는 압박에 마음이 바빴다. 복직 후 자기 계발 시
간까지 확보하려니 아이와 함께 보내는 시간은 반으로 줄었
다. 글쓰기 마감이 닥치거나 온라인 수업을 들어야 할 때면,
나도 모르게 아이를 통제하려 들었다. 집에서 공부방 운영을
시작했을 때도 마찬가지였다. 유치원에서 돌아온 아이와 충
분히 인사를 나누기보다 공부하는 언니 오빠들에게 방해가
되지 않게 잠깐의 대화를 나눌 뿐이었다. 마음이 급하니 아
이와의 정서적 교감보다 당장 해결해야 할 일과에만 집중하
는 날이 많아졌다. 내 일을 위해 아이를 통제하려는 모습이
보일 때면 다시 미안함이 밀려왔다. 자야 하는 시간에도 엄
마와 놀고 싶어 딸의 취침 시간이 늦어지곤 했다. 물리적 시

간이 부족하더라도 질적인 행복을 채울 방법을 찾기로 했다. 그것 또한 자기 계발하는 엄마의 온전한 성장 과정이었다.

아이와 함께 행복을 꾸려가기 위해 실천했던 세 가지 방법을 떠올려 본다.

첫째, 하루를 구조화하여 공유하는 일이었다. 아이는 주말이 되면 무엇을 하며 놀 건지 기대가 컸다. 남편이 출근한 주말, 공부방 칠판을 아이 앞으로 끌어왔다. 아이가 원하는 하루를 계획해보고 싶었다. 먼저 양치, 샤워, 식사, 병원 가기 등 꼭 해야 할 일들을 한쪽에 적었다. 아이는 병원에 들렀다가 돌아오는 길에 맛있는 간식을 사 먹고 싶다고 했다. 집으로 돌아와서는 평소 보고 싶었던 어린이 영화를 보기로 했다. 영화를 함께 보고 나서는 엄마와 맛있는 점심을 함께 만들어 먹고, 도서관에 책을 반납하러 가기로 했다. 해야 할 일 사이사이 평소 아이가 하고 싶어 했던 일과를 넣었다. 나와 아이의 하루를 칠판에 적고 나니 아이는 꼭 무얼 해야 한다고 말하지 않아도 다음 일을 기대했다. 아이를 이끌어야 하거나, 잔소리가 필요 없었다. "엄마 이제 편의점 가야지."라고 말하며, 편의점에서 행복해하며 젤리를 고르는 아이의 표정이 귀여웠다. 약속된 일들을 하나씩 체크하며 보내는 하루가 즐거웠다.

둘째, 일상의 언어와 행동을 점검했다. 아침은 하루의 기분을 좌우하는 시간이기도 하다. 가끔 아침에 아이를 재촉하며 잔소리를 하는 날이면 집으로 돌아와 후회하곤 했다. 일찍 자야 한다는 똑같은 잔소리를 반복하며 불편한 아침을 보냈다. 아이와 보내는 아침의 분위기를 바꾸고 싶어 다이어리에 계획을 세웠다. 눈을 뜨면 다정하게 인사 나누고, 안마하며 스킨십 해주기 등 내가 할 수 있는 구체적인 행동을 적고 실천했다. 아침을 제대로 챙겨주지 못하는 날에는 예쁜 접시에 간편한 간식을 담아 주고, 머리를 묶어줄 때는 아이가 앉을 바닥에 푹신한 쿠션을 놓아주었다. 아주 작은 행동이었지만 아이를 배려하고 싶은 나의 진심을 담았다. 고맙게도 아이는 작은 행동에 반응했다. 자주 안겨 사랑을 표현했다. 주말 아침 피곤해 늦잠을 자는 날이면, 자기가 받았던 안마를 똑같이 해주며 다정한 말을 건넸다. 일상의 언어도 조금씩 바뀌어 갔다. 엄마 얼른 일해야 한다는 말 대신, 너와 주말에 더 재미있게 놀려고 오늘 할 일을 미리 해두는 거라는 듣기 좋은 말을 건넸다.

셋째, 내가 머무르는 가족의 공간과 환경을 돌보았다. 집이 곧 일터다 보니 집안일이 밀리는 날에는 마음이 불편했다. 바쁜 업무 중에 컴퓨터 앞에 앉아 급하게 자판을 두드리면서도, 자꾸만 눈에 들어오는 어수선한 물건에 감정 에너지가 쓰였다. 환경을 돌보는 것도 나를 위한 일이었다. 일과 자기 계발이 때로는 욕심처럼 느껴질 때마다 급하지 않지만 중요한 일을 한다. 나중에 해도 되는 일이라고 미루고 쉽지만, 오히려 필요한 일이었다.

무언가를 더 해주지 못해 마음이 불편하거나 시간이 부족해 바쁘다는 불평이 쌓일 때면, 가족과 나누는 일상의 언어를 다듬고 우리가 머무는 환경을 정성껏 돌본다. 소소한 일상을 사랑하는 에너지를 채우며, 우리 가족의 행복을 더 넓게 그려간다.

# 지금 시작하자,
# 경계 존중

"엄마 오늘은 수업이 있어. 지금 미루지 않고 씻어야 엄마가 널 도와줄 수 있어."

화요일 저녁 글쓰기 수업을 앞두고 아이에게 말했다. 수업을 들은 지 어느덧 1년, 딸에게도 엄마의 공부 시간은 일상의 일부가 되었다. 내가 수업을 듣는 동안 아이는 옆에서 노트에 알파벳을 적어 뿌듯한 얼굴로 보여준다. 저녁 9시가 넘으면 스스로 잘 준비를 마친다. 수업 잘 듣고 자라는 인사를 여유롭게 건넨다. 침실에 들어갔던 아이는 얼마 지나지 않아 나에게 왔다. 유치원에서 받은 유인물을 전해주기 위해서였다. 안내서 확인하겠다며 책상 옆에 두고 수업에 집중했다.

다음 날 아침, 독서를 위해 컴퓨터 책상 앞에 앉았다. 책을 읽고 주변을 정리하다 어제 딸이 준 유인물을 확인했다. '경계 존중'이라는 내용이다. 경계란 눈에 보이지 않지만, 누구나 존중받아야 할 개인의 영역이라고 적혀 있었다. 아이의 경계 존중을 침해하는 행위로는 방문을 노크 없이 여는 것, 어른들에게 억지로 인사를 시키거나 안아드리라고 강요하는 것, 아이 물건을 마음대로 정리하는 것, 샤워 후 옷을 입지 않고 아이 앞에서 옷을 갈아입는 행동 등이 적혀 있었다. 육아하며 내가 흔히 했던 행동들이었다. 아이가 자기 주도적인 삶을 살아가려면, 부모로부터 아이 영역을 인정하는 경계 존중의 역할이 중요했다.

이는 곧 '엄마의 경계 존중'에 대한 생각으로 이어졌다. 자기 계발 시간을 가지며 일상 속 영역은 조금씩 넓어졌다. 직장인과 육아하는 엄마의 하루를 비교해 보았다. 가장 큰 차이는 일과 쉼의 분리에 있다. 직장은 업무 분담이 있고 시작과 끝이 정해져 있지만, 육아는 평온하면서도 예상치 못한 상황이 생기기도 한다. 아이가 아프거나 일정이 변하는 등 엄마의 컨디션과 상황에 따라 하루가 좌우된다.

육아하는 삶에도 엄마의 경계 존중이 필요하다. 어쩌면 나의 자기 계발은 내 영역을 지켜내고자 하는 첫 노력이었을 것이다. 자기 계발은 오늘을 살아갈 경계를 지켜내는 힘이었다. 아이의 경계를 존중하는 바탕이 되었다. 아이의 세계가 넓어지는 만큼 엄마도 자신을 찾아가는 과정이 필요하다. 자신만의 생각과 선택을 존중받을 때 타인을 존중하는 유연한 사고도 자란다. 아이에게 더 좋다고 생각되는 걸 찾아주고 선택을 돕는 것은 엄마의 영역이 아니었다. 사소한 실패도 스스럼없이 넘기며 시도하는 아이로 자라게 돕는 것이 진정 아이를 위한 길일지 모른다. 엄마가 성장하는 삶을 곁에서 보여주는 것만으로도 충분한 본보기가 될 수 있다. 처음 자기 계발을 시작할 때는 무언가에 도전할 여유가 없다고 느꼈다. 아이가 어려 손길이 필요하다는 핑계가 먼저였다. 하지만 지난 내 일기장에는 늘 비슷한 후회가 적혀 있었다. 시작을 미루고, 내 능력을 믿지 못하며, 더 쉽고 빠른 길을 찾으려 했던 일들. 상황을 탓하며 현재에 안주했던 이야기다.

엄마의 자기 계발, 무엇부터 시작해야 좋을지 고민될 수 있다. 나 또한 내가 좋아하는 일이 무엇인지에 대해 쉽게 결정하지 못했다. 잘하는 일과 좋아하는 일 둘 중에 무엇을 선택해야 하는지에 대한 답을 찾으려 애썼다. 『일은 왜 하는가?』라는 책에서는 말했다. 좋아하는 일을 먼저 시작하는 사람은 없다고. 그저 일을 시작하며 얻는 작은 성취들이 일을 좋아하게 만들었다. 조금씩 변화된 일들이 다이어리에 담겼다. 자기 계발하며 나에게 집중된 시간을 갖게 되니 선택에 대한 고민이 반으로 줄었다. 어떤 선택이 옳을지 망설이기보다 나를 믿는 힘이 단단해졌다. 설령 잘못된 선택이라 해도 그 안에서 배움을 얻으면 그만이다. 실패는 내가 무언가를 실행하고 있다는 증거이기에 오히려 반가웠다. 이제는 늘 좋은 선택지만 주어지는 것이 아니라는 단순한 명제를 인정하고 받아들일 수 있다.

할머니가 되어도 자식은 똑같이 아기 같고 예쁘다고 한다. 서른일곱이 넘는 나에게도 엄마는 무엇이든 다 도와주고 싶어 한다. 바쁜 딸의 일상 이야기를 들을 때면 도움이 닿지 못해 미안해하기도 한다. 그렇지 않아도 괜찮다. 엄마의 성장은 분명 아이의 삶을 챙기는 것보다 더 중요한 게 있다. 각자의 자리에서 성장하는 것은 경계 존중을 실현하는 가치 있는 일이기 때문이다.  당장 좋아하는 일이나 잘하는 일이 무엇인지 몰라도 괜찮다. 성장을 위해 지금 무얼 하면 좋을지 자신에게 던지는 질문 하나가 오늘 성장의 시작이다. 아이와 함께, 더 멀리!

## 해결 능력을 믿는
## 엄마 되기

필사 노트를 펼치자 『프로세스 이코노미』의 한 구절이 눈에 들어왔다. 일과 육아, 성장이라는 정체성을 놓지 않으려는 나에게 인상 깊은 문장이었다.

"지금까지 우리는 하나의 정답을 갖고 퍼즐 조각을 맞추며 살아왔다. 정답이 하나뿐이므로 다른 사람보다 빨리 작업을 수행하는 것이 가장 중요했다. 하지만 이제는 무엇이 완성될지 모른 채 레고 블록을 쌓아 올리는 방식이 더 어울리는 시대가 왔다."

육아 고민이 있는 부모라면 누구나 한 번쯤 〈금쪽같은 내 새끼〉라는 프로그램을 본 경험이 있을 것이다. 육아서를 읽기 시작했을 때 부모의 양육 태도가 자녀의 삶에 결정적 영향을 미친다는 사실이 두려웠다. 프로그램 사연에서 내 아이의 모습과 비슷한 면이 보일 때면 불안했다. 원인은 부모의 양육 방식과 태도와 관련이 깊었다. 오은영 박사는 양육의 최종 목적지는 독립에 있다고 강조한다. 세상을 살아가는 데 필요한 힘을 기를 수 있도록 돕는 일이다. 아이가 커갈수록 해결해 줄 수 있는 세상은 만들어 줄 수 없었다. 내가 자기 계발을 이어가며 단단해지는 과정이 아이의 성장과도 다르지 않다고 생각했다. 프로세스 이코노미의 문구처럼 자신만의 블록을 찾아 끼우며 문제를 해결하고 지혜를 쌓아가는 과정들이 나와 아이에게 필요하다고 했다.

어느 날 유치원에서 친구와 다투고 온 딸이 속상한 마음을 털어놓았다. 소위 반응의 정석대로 우리 딸이 정말 속상했겠다며 말문을 뗐다. 이어 어른의 갈등이 있었던 상황을 나름대로 좋게 해석해주려 노력했다. 친구의 본심은 그렇지 않을 거라고 달래는 데 급급했다. 공감까지는 수월했지만, 마음을 읽어주는 것만으로 충분한 건지, 어떤 말을 덧붙여야 할지 확신이 서지 않았다. 이야기를 들어주고 마무리 짓는 것은 언제나 나에게 어려운 과제였다. 속마음을 털어놔 주어 다행이라는 생각으로 대화를 끝맺곤 했다.

그러다 조선미 박사의 육아 정보 영상을 접하며 새로운 실마리를 찾았다. 요즘 부모들은 공감의 중요성은 잘 알지만, 대개 마음을 알아주는 수준에서 멈춘다는 지적이었다. 핵심은 공감 이후, 문제를 어떻게 해결해 나갈 것인지 묻는 과정에 있었다.

"다음에 또 그런 상황이 생기면 어떻게 하면 좋을까?"라고 물으며, 해결의 주도권을 아이에게 넘겨주고 극복하게 유도하는 질문이다. 그동안 아이의 고민을 해결해 주려 노력했다. 어른의 시선에서 정답을 찾아주려 했다. 그보다 스스로 그 문제를 해결하는데 필요한 생각의 물꼬를 틀 수 있도록 지지하는 도움이 필요했다. 아이의 생각이 나와 다르더라도 그 방법을 시도해볼 수 있도록 지지하는 게 먼저였다.

"그래, 좋은 생각인데? 그 방법으로 한번 해보자!"

아이의 생각에서 나온 답변이 현실적으로 불가능할지라도 조언을 아꼈다. 시도하자는 제안에 중점을 두었다. 딸이 생각해낸 말을 함께 상황극처럼 연습했다. 아이와 잠자리 대화는 시간 가는 줄 모르게 이어졌지만, 이야기를 나눌수록 더 나은 방식을 스스로 찾아냈다. 엄마의 시선에서 A부터 Z까지 모든 가능성을 전달해주지 않아도 되었다. 어른들도 타인의 지시보다 자신의 판단에 따를 때 실행력이 높아진다. 아이 역시 직접 생각한 대안은 현실적이었고 실천하기 수월했다.

며칠 뒤 아이는 잠자리에서 친구와의 갈등을 나름대로 해결한 일화를 들려주었다.

"엄마, 이번에는 그 친구에게 내 생각대로 말했어! 그랬더니 다른 말없이 친구도 알겠다고 말해서 기분이 진짜 좋았어."

문제 결과를 떠나 상황에 직접 맞섰다는 사실만으로 아이는 뿌듯해했다. 설부른 조언을 건넸을 때보다 안심이 되었다. 2학기 상담에서 선생님은 아이가 꽤 단단해졌다고 말씀하셨다. 옳고 그름이 분명한 친구라 잘 이해되지 않는 상황에서 상대를 이해하기 어려워하는 편이었는데, 자기표현이

늘면서 마음의 여유도 넓어진 듯하다고 말이다.

　앞으로도 아이의 문제 해결 능력을 위해 세 가지를 기억하고 적용하려 한다. 첫째, 꼭 지켜야 하는 일 외에는 해답을 주지 않는다. 둘째, 항상 어떻게 하면 좋을까? 라고 생각을 먼저 묻는다. 셋째, 아이가 생각해낸 말을 지지해주며 행동해보도록 지지하는 것이다. 생각해 낸 방법이 다른 사람에게 피해를 주거나 도덕적으로 문제가 되지 않은 한, 시행착오를 겪으며 스스로 대응하는 힘을 길러주는 것이다.

　부모가 원하는 방향으로 아이가 자라는 마음은 욕심이다. 한 발 뒤에서 아이가 생각하고 행동할 수 있도록 기다려주고, 지지해주는 엄마의 역할이 아이를 더 건강하게 성장하게 만든다고 믿는다. 자기 계발로 내 세계를 넓히듯이 아이도 단단한 내면을 채워가고 있다. 해답을 주기보다 해결 능력을 믿는 든든한 조력자가 되기로 다짐한다.

# 신뢰를 쌓는 시간,
# 과정이 행복한 육아

책을 가까이하는 아이로 자랐으면 하는 엄마다. 새 책장 안에 동화책을 채우는 날, 딸에게 더 좋은 언어를 전할 수 있겠다는 기대에 찼다. 매일 정해진 동화책을 읽어주었다. 그 순간만큼은 재미있고 따뜻한 대화를 나누기 위해 노력했다. 육아의 긴 여정 중 스스로 대견하게 여기는 일이 있다면, 바로 꾸준히 책을 읽어준 일이다. 내가 아이에게 줄 수 있는 또 하나의 사랑 표현이었다. 고맙게도 아이는 여전히 책을 좋아한다. 독서가 단순히 학습적인 도구가 되기보다, 책을 통해 내면이 성장하는 경험을 어릴 때부터 심어주고 싶었다. 가끔 아이는 내가 좋아할 법한 문장을 찾아 읽어주거나 학교 도서관에서 엄마를 위한 책을 빌려오기도 한다. 종이책이라는 매개로 자녀와 마음을 공유할 수 있는 엄마라 감사하다.

심리학자 정성훈은 사람에게 신뢰를 형성하는 중요한 요소 세 가지가 있다고 했다. 일관성, 예측성, 따뜻함이다. 일관성이란 방법이나 태도 따위가 한결같은 성질을 말한다. 예측성이란 미리 헤아려 짐작하는 것, 따뜻함이란 감정과 태도, 분위기가 정답고 포근함을 의미한다. 우연히 이 사실을 알게 되고부터 그동안의 책 육아 시간이 의미가 더해지고, 소중하게 느껴졌다. 아이에게 부족하기만 엄마로서 조금이나마 신뢰의 힘이 된 것 같았다. 아이가 커가면서 노는 방식도 달라지고, 자연스레 각자의 자리에서 보내는 시간도 길어진다. 어릴 때부터 함께한 책 육아 시간은 아이와 나의 신뢰라는 연결 고리를 단단하게 도왔다.

직업인으로서 아이들과 보내는 시간도 많았다. 교사의 자리에서 아이들에게 자유로운 시간을 줄 수 있을 때 행복했다. 나이마다 다르지만, 아이들이 가장 듣고 싶어 하는 말이 무엇인지 조금은 알 듯했다. 아이들이라면 누구나 자유롭게 놀 권리가 있다고 생각했다.

"마음껏 놀아도 돼."라는 여덟 글자다.

행운을 만난 듯 환한 아이들 얼굴이 떠오른다. 마음껏 놀아도 된다는 여덟 글자가 서로에게 통하려면, 내가 책 육아를 이어왔듯 교육자와 학생 사이에 최소한의 신뢰가 전제되어야 한다. 안전한 곳에서 규칙을 지키며 즐기는 마음 역시 그간 쌓아온 아이들과의 정서적 유대에서 비롯되었다고 믿는다.

앞서 언급한 신뢰의 삼 요소에 개인적인 견해를 하나 더하고 싶다. 바로 과정이 행복한 육아다. 자녀와 함께하는 시간이 즐겁지 않았다면 신뢰라는 힘을 높이 쌓지 못했을 것이다. 부모로서 마음처럼 쉽게 되지 않을 때도 있지만 과정이 행복하기 위한 방법은 충분히 있다. 신뢰의 조건처럼 내가 할 수 있는 것을 선택하고, 지킬 수 있는 걸 꾸준히 이어가는 것이다.

과정이 즐거웠던 육아는 무엇이 있었는지 떠올려 본다. 최근에는 아이에게 책을 읽어주는 일 말고도 매일 아침을 챙겨주는 일이 그렇다. 이제는 육아도 어쩌면 자기 계발의 일부라고 생각했다. 자녀를 위한 희생보다는 그렇게 하는 스스로가 마음에 드니 선택한 일이다. 아이에게 매일 동화책을 읽어주듯이 아침밥을 챙겨주자는 생각이었다. 2년 전, 새벽 6시에 일어나 집 근처 푸른 길을 산책했다. 외부 현관 비밀번호를 누르고 다시 집으로 돌아오는 길에 든 생각이 여전히 떠오른다. 부스스한 머리에 찬 공기 가득한 부엌에서 국을 끓이는 엄마의 뒷모습이다. 당시 나는 자기 계발이라는 이름 아래 오로지 나만의 시간을 확보하는 데 빠져 있었다. '나도 가족을 위해 아침을 준비하는 엄마가 될 수 있을까?'라는 생각이 들 때면 왠지 나만 손해 보는 듯한 불편함이 앞섰다.

하지만 지금은 관점이 달라졌다. 일과 육아, 배움의 균형을 맞추는 것도 성장이다. 건강은 삶의 최우선가치다. 나를 돌보는 마음으로 가족까지 챙길 수 있다. 아이가 등굣길에 나서면 나는 집 창가에서 인형을 흔들며 배웅한다. 겨울 찬 바람에 어깨를 움츠리며 손을 흔드는 딸의 모습에 어린 시절의 나를 본다. 아침밥을 거르면 더 춥다며 잔소리하던 엄마의 말도 떠오른다. 아침밥을 먹든 안 먹든 밥상을 꾸리던 엄마에게 감사한 마음이 들었다.

인터넷에서 건강 식단을 검색하며 아이를 위한 아침을 더 잘 챙겨주자는 마음을 먹었다. 작은 쟁반에 사과 몇 조각과 따뜻한 물을 놓고, 예쁜 그릇에 달걀찜이나 새우 죽, 볶음밥 등 아이가 부담 없이 즐길 음식을 담는다. 20분 일찍 부엌으로 들어가 채소를 다지고 과일을 깎는 시간이 즐거웠다. 엄마가 해준 음식이 최고라고 말하는 딸과 식탁에서 나누는 대화가 즐거웠다. 과정이 행복한 자기 계발이다.

카톡을 열어 엄마에게 문자를 보냈다.
"엄마, 나 학교 다닐 때 아침밥 챙겨주고, 먹고 가라고 잔소리해줘서 고마워. 매일 딸 아침밥 챙겨주고 있는데 쉽지 않지만 좋아."
"응 딸, 그렇게 말해줘서 고마워."
엄마에게 받았던 아침 밥상은 시간이 지나도 나에게 신뢰와 감사함으로 남아 있다. 책 읽기 시간으로 아이와 두터운 교감을 쌓은 것처럼, 신뢰를 쌓는 세 가지 요소를 육아와 자기 계발에 적용하려 한다. 잠자리에 누워 내일 아침은 어떤 음식을 먹고 싶은지 대화를 나눈다. 아침을 나눈 시간이 딸에게도 행복한 기억으로 오래 남았으면 좋겠다. 나에게 있어 육아 자기 계발은 아이와의 신뢰를 쌓는 일이자 마음의 그릇을 넓히는 여정이다.

# 육아하며 다시 배우는
# 사랑의 균형

작가 에리히 프롬은 『사랑의 기술』이라는 책에서는 사랑은 주고받는 것까지 완성이라고 말했다. 사랑을 받는 것만 생각했을 뿐, 어떻게 사랑을 주고 있는지 되돌아보는 시간은 적었다. 내 곁에 사람들에게 나는 어떤 사랑을 주고 있는지 되돌아보는 한 줄이었다. 사랑을 주는 방식은 다양했다. 나이마다 느끼는 사랑의 의미와 모습은 다르다. 누군가에겐 열정적인 사랑은 모든 것을 다 주어도 아깝지 않은 희생과 헌신이 기준일지 모르는 것처럼 말이다.

육아를 되돌아보며 내가 아이에게 준 사랑도 되돌아본다. 아이에게 주는 사랑도 서로 연결되어야 했다. 내 중심으로 주는 사랑은 일방적이었다. 어제 못 놀아줬으니 오늘 더 많이 놀아주겠다는 생각도 마찬가지다. 육아에는 일관성이 중요하다는데, 내 컨디션과 기분에 따라 아이를 대하는 방식과 태도가 달랐던 때를 반성하게 된다. 매일 아이에게 행복한 날을 만들어 줄 순 없지만, 가끔은 에너지를 쏟으며 아이에게 집중된 하루를 보낸 적이 많았다. 그러니 아이 또한 나에게 큰 기대를 품고 있을 때도 많았다. 엄마가 나에게 얼마나 관심을 두고 있는지 귀신같이 알아차리는 날도 있었다. 어떤 날은 잘 대해주었다가 아이에게 소홀히 대하는 날이면 스스로 화가 날 때도 많았다. 육아에 치우쳐 온 마음을 쓰고 나면 신랑에게 불만의 마음을 토로하기도 했다. 아이에 관한 것이라는 이유로 에너지를 쓰느라 밀린 일이 방해물처럼 느껴졌다.

아이에게 전부를 줄 수 있을 만큼 사랑해도, 서로가 편안한 사랑을 주고받는 사이가 먼저였다. 어제 100만큼 아이에게 잘해주고 오늘은 20만큼 주는 사랑보다, 매일 50의 편안한 사랑이 아이를 더 행복하게 만든다는 생각이다. 가끔 내 마음이 편하고 싶어 아이가 갖고 싶어 했던 물건을 사주기도 했다. 내가 받고 싶어 했던 사랑을 아이에게 주며 나름 만족해한 적도 많다. 아이 반응에 일희일비하며 단단하지 못한 육아의 시간은 육아를 열심히 한다고 생각했던 나를 흔들리게 했다. '엄마가 이것도 해주고, 저것도 해주는데….'라며 조건을 붙인 사랑이 입 밖으로 나올 때 부끄러운 마음이 들었다. 육아는 아이를 다스리는 게 아니라 엄마인 나를 다스리는 일이라는 걸 알면서도 쉽지 않았다. 어제 잘해줬다고 오늘 소홀히 해도 되는 건 아니었다. 아이에게 갖는 일관된 육아 정체성이 필요했다. 아이의 반응과 성향을 파악하고 그에 맞추는 것도 중요하지만, 우선이 아니었다. 엄마인 내 마음을 잘 살펴야 했다. 엄마인 내 세계를 들여다보는 만큼 아이를 더 이해하며 이끌어 줄 수 있었다. 내가 아이에게 준 사랑을 재해석해야 했다.

아이들은 눈으로 보면서 가장 많이 배운다고 한다. 아이들에게 사랑을 주는 것도 중요하지만, 아이들이 매일 겪게 되는 일상 환경도 중요했다. 자녀 중심의 가정을 넘어 부부 중심의 사랑의 가치를 보여주는 소중한 인연이 있다. 매년 봄과 가을이면 함께 캠핑을 떠나는 가족이다. 같은 성별과 나이에 아이들끼리도 무척 잘 지낸다. 우리 부부보다 나이는 어리지만, 가족이라는 구성의 균형에 새로운 시각을 볼 수 있게 했다. 아내는 늘 남편을 살갑게 챙겨준다. 남편이 조금이라도 다치면 곧바로 나서 걱정스러운 얼굴로 상처를 확인해준다. 서로 가족사진을 찍어줄 때면 남편과 함께 자연스럽게 입맞춤하기도 한다. 여덟 살 딸아이가 엄마 아빠의 다정함을 질투하는 모습이 단란한 행복의 상징처럼 느껴졌다. 항상 손을 잡고 걷는 모습에서 언제나 서로에게 편안한 마음이 닿아 있다는 것이 느껴진다. 자녀를 바라보는 애정 어린 시선만큼이나, 배우자가 서로 나누는 마음의 깊이가 중요하다는 사실을 그들을 통해 배운다.

남편에게 그리 살갑지 못한 편이다. 오히려 신랑의 세심한 챙김을 받는 쪽에 가깝다. 일과 육아에 조바심을 느낄 때면, 남편은 커피를 마시러 가자고 말을 건넨다. 앞만 보고 달려야 한다는 생각에 사로잡힐 때, 내가 더 멀리 갈 수 있도록 멈추는 버튼을 눌러 주는 셈이다. 처음에는 일의 흐름이 끊기는 것 같아 선뜻 따라나서기 쉽지 않았다. 휴식 자체보다 나를 생각하는 남편의 고맙고 소중하다. 이제는 그 시간을 함께 즐길 수 있는 여유를 즐긴다.

서로 사랑을 표현하는 방식은 각기 다르다. 부모가 교감하며 행복을 누리는 순간이 쌓일수록 아이 역시 건강한 관계의 땅에서 더 충만하게 자랄 것이다. 사랑의 초점을 부부 중심으로 더 넓고 깊게 다져 가려 한다. 부모가 서로를 존중하며 아끼는 모습 자체가 자녀에게는 훌륭한 교육이다. 늘 채움에만 집중했다. 아이를 향한 애정에 빈틈이 생기지는 않을까 마음이 바빴다. 하지만 이제는 우리 부부가 이미 누리고 있는 정서적 풍요에 집중하며, 우리 가족만의 사랑의 기술을 쌓아갈 것이다.

# 미안한 엄마보다
# 감사하는 엄마로

2024년 5월 어느 날, 친정엄마는 복권은 어떻게 사는 거냐고 물었다. 갑자기 웬 복권인지 이유를 묻자, 간밤에 좋은 꿈을 꿨다고 하셨다. 두 개의 금시계를 두 손 가득 받은 꿈이었다. 이틀 뒤 새벽, 나는 전쟁이 난 상황에서 나를 향해 대포를 쏘는 소리에 눈을 번쩍 뜨며 깨어났다. 꿈에서 깨도 다시 잠들만 한데 아침까지 잠이 오지 않았다. 생생했다. 며칠 몸이 피곤하고, 잠은 쏟아졌다. 임신 테스트기를 해보니 두 줄. 첫째 아이가 9살, 8년 만에 생긴 둘째다. 당시 『문장, 살아갈 힘을 얻다』라는 두 번째 공저 책 초고를 쓰고 있었다. 공저를 함께하던 작가들의 좋은 기운 덕에 아이도 선물처럼 찾아온 게 아닐까 생각했다. 어릴 때부터 또래와 달리 마르고 잔병

치레가 많았다. 어른들에게 늘 살 좀 쪄야겠다는 말을 들었던 나에게 임신은 첫째도, 둘째도 신기한 일이었다.

두 번째 임신은 두려움보다 기쁨이 컸다. 첫째를 낳고 양육하면서 쓴 글이 과연 불안한 육아를 겪고 있는 누군가에게 도움과 확신을 줄 수 있을지 고민한 적이 있다. 그러나 둘째 임신으로 출간이 늦어진 덕분에 오히려 꾸준한 성장 과정을 담을 수 있는 계기가 되어 좋았다. 둘째를 품고도 워킹맘으로 살아가며 어떤 상황에서도 해결할 방법이 있다는 여유를 얻었다. 여전히 책을 읽고 쓰고 하나의 생명이 나와 함께한다는 것 자체로 행복했다. 하루하루를 즐기는 일상이 꽤 단단해진 나의 몸과 마음을 증명해주는 듯했다. 출산일 하루 전까지 공부방 원장으로서의 자리를 지켰다. 감사하게도 첫째 때와 달리 조산기 증상도 없었다. 피로가 금방 몰려올 때도 있었지만, 검진을 기다리며 아이를 품은 기쁨을 오롯이 즐겼다. 몸과 마음이 건강한 둘째 임신 기간에 그저 감사했다. 첫째 때는 임신으로 인한 생활 변화가 두렵기만 했다. 나를 희생해야 한다는 기분과 뱃속 아이를 지켜야 한다는 압박이 컸다. 하지만 그 경험을 덕분에 성장하며 단단해졌고, 두 번째 임신은 몸도 마음도 여유로웠다.

2025년 1월 21일, 나는 두 아이의 엄마가 되었다. 품 안에 들어온 아기는 아주 작고 소중했다. 첫째 때 느끼지 못했던 또 다른 사랑의 느낌이었다. 서툴기만 했던 육아는 둘째를 낳으며 나만의 방식을 찾아 익숙해갔고, 무엇보다 존재 자체를 사랑하는 무조건적 사랑이라는 게 무엇인지 느껴졌다. 둘째가 태어난 뒤에도 일은 멈추고 싶진 않았다. 집에서 아이들을 가르치는 직업이고, 대리인이 운영할 수 없어서 둘째 아이와 함께 살 수 있는 여건은 되지 않았다. 감사하게도 아이를 돌봐주시는 어머님 덕분에 일도 하고, 출산 후에 건강한 일상도 조금 더 챙길 수 있었다. 아이와 떨어져 있는 시간이 아쉽지만, 미안한 감정에 머무르는 것만이 해결점은 아니라고 생각했다. 지금 가진 상황 속에서 강점을 찾고, 그 안에서 나답게 길을 이어가고 싶었다. 모두가 다른 상황에서 완벽한 부모는 없으니 중요한 건 나다운 육아라고 생각했다.

어느 날, 아이와 함께 영유아 검진에 가게 되었다. 검진을 마무리하는 과정에서 의사에게 물었다.

"선생님, 제가 일하느라 아이와 있는 시간이 적어요. 혹시 애착이나 다른 문제 더 신경 써야 하는 부분이 있을까요?"

아이가 어릴수록 엄마와 함께 보내는 시간이 무엇보다 중요하다는 사실을 알지만, 현실적으로 내가 할 수 있는 방법을 알고 싶었다. 의사가 말해준 조언을 귀담아듣고 돌아오는 길에 내가 현재 아이를 위해 실천할 수 있는 네 가지를 정리했다. 하루 한 번 이상 영상통화로 목소리와 얼굴을 보여주는 것, 아이와 함께하는 오전과 주말에는 온전히 집중해주는 것, 수업 시간을 조정해 여유를 마련하기, 자기 계발을 통해 건강도 챙기고, 꾸준히 성장하는 엄마로 살아가는 것이었다.

최근 책 쓰기 채팅방에서 흥미로운 질문을 받았다. 나에게 용기란 무엇인지 3가지로 정리해보는 것이다. 나에게 용기란 급할수록 건강을 먼저 챙기는 것, 이미 충만하다고 느끼는 것, 실패를 즐기는 것이라고 댓글을 달았다. 이 질문에 어렵지 않게 답변할 수 있었던 것도 내가 느끼는 불안이 무엇인지 잘 알고 있고, 그럴 때마다 극복할 방법과 용기를 가지고 있기 때문이라는 생각이 들었다.

앞으로도 시간이 지날수록 아이와 함께 성장하는 엄마로 살아갈 것이다. 누군가 인정해주지 않아도 스스로 사랑하며 충만함을 느끼는 삶이다. 아이에게 미안함보다 지금 내가 줄 수 있는 것에 집중하고, 다행이고 감사한 것들을 이어가는 삶이야말로 나를 행복하게 만드는 첫 번째 임무다. 내가 아이들에게 못 해줘서가 아니라, 내가 아이들에게 줄 수 있어서 다행이라고 생각한다. 더 이상 불안은 나의 위기가 아니다. 나에게 불안은 앞으로 살아가는 날에 더 좋은 선택을 위한 신호다.

엄마의 삶은 내 세계를 넓히는 기회의 시간이었다. 코앞에 닥친 일을 해결하느라 시간에 쫓기며 바쁘게 흘려보냈던 일상을 되돌아보게 했다. 더 좋은 엄마가 되어야 한다는 바람이 마음의 짐이 되기도 했지만, 결국 그 무게만큼 내 삶의 영역도 넓어졌다. 엄마라는 상황 '때문에'는 '덕분에'라는 감사로 바뀌었다. 나를 아끼고 내 삶에 집중할수록 남편과 아이를 돌볼 여유도 생겨났다. 내 안의 가치로 소중한 이들을 품을 수 있는 마음의 그릇이 넓어지는 일도 살아가는 재미가 된다. 이 책을 마무리하며 독자들과 나누고 싶은 세 가지를 정리해본다.

첫째, 무엇이든 기록하기다. 기록은 언제든 꺼내 쓸 수 있는 행복이다. 일상의 소소한 이야기를 더 많이 남겨두지 못한 게 아쉬울 때가 있다. 기록은 글감을 모으는 목적도 있지만 내 감정을 객관적으로 바라보게 해주는 거울이 되어준다. 마음을 적어 내려간 시간은 나를 성장으로 이끌었다. 힘들 때 누군가와 위로를 주고받는 소통도 좋지만, 타인의 판단을 구하기 전에 내 마음을 스스로 들여다보는 일이 먼저다. 내 선택을 누군가에게 확인받으려 애쓰기보다 스스로 인정해주는 시간이 필요하다. 기록을 통해 나에게 집중하는 시간을 가질 수 있으면 좋겠다. 그 기록의 발자국들이 우리를 분명 더 좋은 곳으로 데려다줄 것이라 확신한다. 일상을 기록하는 일은 곧 내 삶을 존중하는 일이었다.

둘째, 독서 하는 삶이다. 독서는 누구에게나 힘이 된다. 거창한 독서법을 찾지 않아도 괜찮다. 도서관이나 서점에서 내 마음과 닿는 책 한 권을 만나는 것만으로 충분하다. 내게 필요했던 말, 누군가에게 듣고 싶었던 위로를 책 속의 지혜로 얻을 수 있다. 나에게 독서는 때때로 찾아오는 불안을 잠재웠다. 불필요한 관계에 에너지를 쓰는 대신 책을 통해 더 넓은 세계를 경험했다. 독서라는 세계에 몰입했던 시간이 나를 단단하게 만들었다. 내 안의 가능성을 발견하고, 삶을 더 풍요롭게 누릴 용기를 준 것도 책이었다.

셋째, 나만의 시스템을 가져보는 것이다. 시스템이라는 말이 어렵게 느껴질 수 있지만, 이미 있는 것에 집중하는 마음이면 충분하다. 부족함을 채우려 애쓰기보다 내가 가진 것에 감사하는 마음을 갖는 것이다. 내가 무엇을 좋아하고 잘하는지 고민될 때는 아주 작은 일부터 꾸준히 해보길 권한다. 아침에 일어나 이부자리를 개고, 따뜻한 물 한 잔을 마시고, 온몸에 로션을 꼼꼼히 바르는 사소한 습관만으로 나를 사랑하는 마음을 기를 수 있다. 이런 작은 습관들은 더 좋은 행동으로 이어지고, 결국 내 삶에 더 집중할 수 있게 한다. 오늘이라는 일과 속에서 무엇이 더 중요하고, 가치 있는 일인지 선택하고 행동할 수 있는 힘이 된다. 내가 나를 온전히 돌보는 시스템이 작동할 때, 내 주변 사람들도 함께 행복해질 수 있다.

끝으로 개인 저서 퇴고를 마무리할 무렵 나에게 새 생명이라는 선물이 찾아왔다. 자기 계발을 통해 성장해 온 과정이 있었기에 더 감사한 마음이 든다. 아이를 품고 일을 계속할 수 있었던 것도 불안을 성장의 동력으로 삼았던 시간 덕분이다. 둘째 임신 소식을 들었을 때, 이 책이 내 삶에 더 큰 빛이 되리라는 생각이 들었다. 첫 아이를 키우며 놓쳤던 소중한 순간들을 다시 채울 기회가 주어진 기분이다. 그래서 아이를 기다리는 기쁨이 더없이 컸다. 뱃속에서부터 함께 책을 쓰고 이제는 세상에 나와 건강히 자라 돌을 맞이한 복댕이에게 고마움을 전한다. 언제나 든든한 지원군이자 좋은 아빠로서 곁을 지켜주는 따뜻한 남편, 그리고 글 쓰는 엄마를 누구보다 응원해주는 사랑스러운 첫째 딸에게도 애정을 보낸다. 돌이켜보면 내가 작고 불안했던 순간에도, 첫째는 내 마음과 달리 너무도 상냥하고 바르게 자라주었다. 내가 아이에게 준 사랑보다 더 큰 사랑을 내게 되돌려주며, 나를 어른으로 그리고 작가로 자리하게 해준 첫째. 지금의 나를 있게 해준 아이에게 이 글을 빌려 깊은 감사를 전하고 싶다.

끝으로 초고부터 출판의 과정까지 도움을 주신 분들에게 감사를 표한다. 마지막까지 출간을 위해 오랜 시간 동안 세심하게 애써주신 백작 코치님, 그리고 같은 방향을 바라보며 나아가는 작가들은 존재만으로 큰 힘이 되었다. 혼자였다면 이 책을 완성하기 어려웠을 것이다. 서로를 응원하는 이들 덕분에 소중한 일상을 채우며 오늘을 살아간다. 이 책을 읽는 독자분들에게도 언제나 일상의 행복이 깃들길 진심으로 바란다.

2026년 3월 3일

김나라